Penguin
Random House
Grupo Editorial

Primera edición: enero de 2022
Novena reimpresión: febrero de 2023

© 2022, María Esclapez
© 2022, Penguin Random House Grupo Editorial, S. A. U.
Travessera de Gràcia, 47-49. 08021 Barcelona

Printed in Spain – Impreso en España

ISBN: 978-84-02-42458-7
Depósito legal: B-17.661-2021

Compuesto en M. I. Maquetación, S. L.

Impreso en Black Print CPI Ibérica
Sant Andreu de la Barca (Barcelona)

BG 2 4 5 8 C

MARÍA ESCLAPEZ

ME QUIERO, TE QUIERO

UNA GUÍA PARA DESARROLLAR RELACIONES SANAS

(Y MEJORAR LAS QUE YA TIENES)

BRUGUERA

INTRODUCCIÓN

Cuando pensé en escribir este libro recordé todas aquellas relaciones que viví antes de experimentar el amor. Quería escribir lo que tienes entre tus manos desde mis conocimientos profesionales, pero también desde mi propia experiencia.

Yo también pasé por numerosas relaciones tóxicas y sufrí dependencia emocional. Durante mucho tiempo ignoré aquella vocecita en mi interior que me decía que las cosas no iban bien. La realidad de aquella época es que me daba miedo mirar dentro de mí, por lo que pudiera encontrar. Así que, tristemente, fui acallando esa voz que habitaba en mí hasta hacerla desaparecer.

Silenciar aquella voz fue alimentar la de otros que pretendían anularme. Me desprecié tanto a mí misma que me convertí, por enésima vez en mi vida, en mi peor enemiga. Mientras llenaba el corazón de mis parejas, en el mío habitaba el vacío. Si pudiera decirle a Dante que añadiera un círculo más en su infierno, ese sería el sufrimiento psicológico. No tengo la menor duda.

Pero el instinto es fuerte y no se rinde tan fácilmente. Un día cualquiera esa vocecita volvió y supe que era mi momento. Tenía que hacer algo. Ya estaba bien de caer una y otra vez en las mismas trampas. Y ahí, cuando mi vida entera sufría una debacle y yo permanecía en el ojo del huracán, cogí fuerzas para comenzar mi trabajo personal.

La vida me siguió llevando por numerosos fracasos a nivel personal y profesional, pero algo empezaba a cambiar, y es que me sabían diferentes. Ya no sentía ganas de autodestruirme o boicotearme. Ahora era más consciente de las cosas.

No recuerdo el momento exacto del cambio, así que no te puedo contar dónde estaba o qué me rodeaba. Pero sí lo asocio con la etapa que viví en Madrid, la ciudad que me acogió e ilusionó, pero también la que me maltrató. Allí sufrí y disfruté la vida a partes iguales. Allí conocí a Alberto, el amor de mi vida, quien me acompañó a comprender que probablemente me enamoré muchas otras veces antes, pero que nunca había conocido el amor de verdad hasta que él llegó a mi vida.

A ti, lector/a que estás leyendo esto, te digo que te entiendo (no sabes cuánto). Sé que, al igual que me pasó a mí, es posible que dentro de ti se escondan dudas y preguntas que temes mirar a la cara. Quizás ya sospechas que las cosas no van bien y que lo que vives en tus relaciones de pareja puede no ser lo normal. Incluso puede ser todo lo anterior, y que además quieras salir de toda esa mierda, pero no sepas cómo. Estás leyendo este libro porque sé que esa vocecita de la que te hablaba antes también la oyes tú y por fin has decidido escucharla. Ojalá aquí encuentres lo que a mí me habría encantado tener en mi época de oscuridad.

Yo pretendo motivar tu introspección. Da igual en qué punto estés, nunca es demasiado pronto ni demasiado tarde si la dicha es buena. Te acompañaré a mirar dentro de ti para que te escuches, reflexiones y encuentres las respuestas que buscas, sean cuales sean.

Ahora, echando la vista atrás, pienso que, si hace unos años, cuando lo único que tenía en la vida era un trabajo precario con el que no llegaba a fin de mes y varias relaciones dependientes a la espalda, me hubieran dicho que un día iba a estar como estoy ahora, no me lo habría creído. Aprendí a la fuerza a estar sola y a valorarme. Me desvinculé de todas aquellas personas que solo estaban en mi vida para sacar provecho de mí y de lo que yo era. Dejé el trabajo y, a pesar de no creer en nada ni en nadie, volví con la maleta llena de esperanzas a la tierra que me vio nacer. Decidí, en ese camino en el que empezaba de cero, simplemente confiar en mí y en mis capacidades, sin depender de nada ni de nadie. Y así lo hice, muerta de miedo, pero lo hice. Me volví a llevar un par de palós más de esos que nunca olvidas, pero me dio igual. Continué. Me decía a mí misma: «Tú a lo tuyo, tú a lo tuyo», frase que aún de vez en cuando me sigo repitiendo. Y, así, llegó un día en el que el trabajo empezó a dar sus frutos, en el que la vida me puso en el camino a gente en la que, por fin, podía confiar. La vida me mostró su segunda cara y yo acepté.

La María que soy hoy no tiene nada que ver con la María que era. Me ha costado lloros infinitos, grandes decepciones y una ansiedad con la que aún convivo. Lo he pasado mal, sí, pero tengo todo lo que siempre soñé y no puedo dejar de mirar atrás pensando en que todo, de alguna manera, me valió como aprendizaje para poner límites. De vez en cuando aún recuerdo algún episodio de mi vida al que vuelvo llorando para abrazarme fuerte. Ya nada es como antes y, aunque ahora mi vida tampoco sea maravillosa, sigo teniendo a los pilares más importantes de mi vida a mi lado: mi pareja y mi familia, a quienes dedico este libro. Gracias por haber estado siempre ahí, sois mi refugio, mi apego seguro y la estabilidad emocional que necesito cuando los fantasmas del pasado vuelven a visitarme.

NOTAS IMPORTANTES

Sobre los sucesos descritos en este libro

En este libro encontrarás descritas vivencias personales estrictamente reales de la propia autora.

Por otra parte, también podrás leer testimonios basados en hechos reales de sus pacientes. Estos últimos están ligera y moderadamente modificados con la intención de salvaguardar y respetar la identidad e intimidad de las personas implicadas.

Algunas de las situaciones plasmadas, como por ejemplo las conversaciones de WhatsApp, son ficticias y pertenecen al proyecto *Radiografías de conversaciones tóxicas por WhatsApp* de la misma autora. Dichas imágenes pretenden recrear situaciones que pueden darse y se dan en la vida real.

Todos los nombres utilizados en la narración son ficticios, por lo que cualquier parecido con la realidad que el lector pueda encontrar es fruto de la casualidad.

Sobre la gramática

En el libro se usa el masculino genérico para facilitar la lectura, pero este libro va dedicado a cualquier persona que desee leerlo, independientemente de su identidad y expresión de género.

01

Sobre las relaciones tóxicas y la dependencia emocional

Antes de empezar a abordar conceptos más específicos de las relaciones de pareja, me gustaría hablarte acerca de la importancia de crear vínculos sanos en las relaciones con los demás y con nosotros mismos.

En la vida nacemos y, mientras crecemos, vamos descubriendo mundo y aprendiendo a relacionarnos con el entorno que nos rodea. Lo que aprendemos, y cómo lo hacemos, es lo que, más adelante, determinará en gran parte nuestra forma de procesar las cosas, de vincularnos con los demás y de responder ante los estímulos que nos rodean (por ejemplo, la forma de reaccionar ante los problemas). Por este motivo, podemos decir que nuestra historia personal marca la manera de relacionarnos, ya no solo con los conflictos, sino con nosotros mismos y con los demás.

Tras leer este libro no volverás a ser la misma persona.

Una de las cualidades que tiene nuestro cerebro es que es plástico (moldeable), por lo que todo, absolutamente todo lo que nos pasa, modifica nuestra forma de percibir el mundo. Cada segundo que nuestro cerebro está procesando información, está cambiando. Si te digo, por ejemplo, que cada mes que empieza en domingo tiene un viernes 13, esto será una nueva información que tu cerebro procese e integre como la parte del todo, que a su vez te permitirá cambiar la forma de percibir las cosas. Por eso sé que tras leer este libro no volverás a ser la misma persona.

Para las relaciones de pareja pasa lo mismo. Todo lo que aprendemos a lo largo de la vida de manera consciente o inconsciente cambia nuestra manera de vivirlas, incluso si lo que aprendemos lo hacemos dentro de la misma relación. El ser humano es como una esponja, aprende comportamientos, situaciones, palabras, imágenes, formas de pensar e incluso actitudes. Aprende incluso lo que no quiere aprender.

Muchas veces estas vivencias se pueden llegar a convertir en auténticos traumas (vivencias de alta intensidad emocional que condicionan de manera negativa la vida de la persona y se quedan grabadas en su mente para siempre). En las relaciones con los padres, las amistades o la pareja, cualquier vivencia que suponga un sufrimiento emocional o físico se considera traumática porque afecta a la parte íntima y afectiva de la persona. Este tipo de traumas serán los que más adelante puedan condicionar el tipo de vínculo en una relación, que podrá ser tóxico o no.

Un **vínculo tóxico** es aquel que genera malestar. Ya lo define su propio nombre: «tóxico». Algo tóxico es algo malo o dañino para nosotros.

Dependiendo del pasado de cada integrante de la relación y la interacción de sus aprendizajes, la causa del vínculo tóxico podrá ser una u otra. Tengo claro, después de haber visto y vivido muchos vínculos tóxicos, que solo son eso, vínculos que se reflejan en comportamientos. Por lo que **no existen las personas tóxicas, existen las personas con historias y aprendizajes que emiten comportamientos tóxicos.**

Quiero hacer hincapié en esto porque considero que juzgar a alguien como «tóxico» no solamente le priva de la posibilidad de cambiar su forma de entender el mundo y sus comportamientos, sino que encima le otorga de manera indirecta la etiqueta de mala persona, algo que, al menos desde el de punto de vista la psicología, no existe. No hay diagnósticos en el DSM (libro de diagnósticos que usamos psicólogos y psiquiatras) de «mala persona» o «buena persona». Vamos, que la psicología es una ciencia, y lo de ser bueno o malo mejor dejarlo para las religiones y la moral de cada uno.

Cuando hablamos de **dependencia emocional**, hablamos de necesidad afectiva y enganche emocional que implica incapacidad de dejar una relación de pareja que genera sufrimiento (incapacidad de dejar una relación tóxica). Hay momentos de lucidez en los que la persona que mantiene una relación dependiente ve claro que debe dejar la relación y alejarse por el sufrimiento que le provoca, pero el miedo la paraliza.

Por otro lado, tenemos el concepto de **codependencia**, que es lo que observamos en aquellas personas que, dentro de una relación tóxica y dependiente, tienen la necesidad imperiosa de agradar al otro, motivada de manera inconsciente por el miedo al abandono («Si le doy todo lo mejor de mí, le cuido y le agrado, nunca me dejará»). Estas personas suelen escoger como pareja a otras con problemas (por ejemplo, con trastornos mentales, problemas físicos o adicciones a sustancias o a los juegos) o débiles en algún sentido. Esto último bien podría darse, por ejemplo, cuando la persona codependiente escucha a su pareja contar el relato de sufrimiento de su infancia o sus relaciones de pareja anteriores. Tras esto, la persona codependiente pondrá en marcha estrategias de atención constante dirigidas a la pareja. Estas personas suelen tener gran capacidad de aguante y tienden a asumir los problemas del otro como suyos, sobreprotegiendo en muchas ocasiones a la pareja y anteponiéndola a sus propias necesidades.

También tenemos que tener en consideración el concepto de maltrato. Según las Naciones Unidas, «el maltrato puede definirse como un patrón de conducta utilizado en cualquier relación para obtener o mantener el control sobre la pareja. Constituye maltrato todo acto físico, sexual, emocional, económico o psicológico que influya sobre otra persona, así como toda amenaza de cometer tales actos». Es decir, una relación de maltrato será una relación en la que una de las dos partes ejerza control sobre la otra o, dicho de otra manera, será una relación en la que podamos identificar a la parte agresora (dominante) y a la parte víctima (sumisa).

Por último, también podemos hablar de **personalidad dependiente**, conformada por un conjunto de características propias de aquellas personas que tienen la tendencia a crear vínculos dependientes. Suelen relacionarse con los demás (amigos, familiares y pareja) de una manera un tanto obsesiva, lo que puede provocar relaciones tóxicas. Sin embargo, tener una personalidad dependiente no siempre implica tener una relación de dependencia emocional, y es que se puede tener un tipo de personalidad dependiente y, al mismo tiempo, estar en una relación sana en la que ambos miembros de la pareja cubren de manera satisfactoria sus necesidades emocionales, especialmente si hay un trabajo de desarrollo personal que ayude a la persona con este tipo de personalidad a entender de dónde viene su forma de relacionarse y trabaje la manera de «independizarse» emocionalmente.

Sobra decir que cualquiera de estos cuatro conceptos implica malestar emocional, pero también sabemos que no todo empieza así de mal. En mi libro *Ama tu sexo* (Penguin Random House), te hablaba de «El cuento de la rana Genoveva» y de las dinámicas de las relaciones de pareja dependientes para entender cómo las relaciones aparentemente sanas podían evolucionar con facilidad hacia relaciones tóxicas y dependientes.

Veamos las fases de una relación y dónde pueden empezar a aparecer esos problemas o, dicho de otra manera, dónde empiezan a reflejarse aquellos aprendizajes que hemos hecho a lo largo de la vida.

02

Fases del amor

1. ATRACCIÓN

Ponte en situación. Conoces a alguien de manera inesperada. El amigo de un amigo, la chica en la que te llevas fijando meses, tu *crush* desde el instituto o alguien con quien simplemente coincidiste en una aplicación de internet.

Te apetece mucho quedar con esa persona. Pero mucho. Te imaginas a diario cómo sería quedar con ella, pasar un rato agradable y mantener relaciones sexuales. Aunque ya hayas tenido varias citas con esa persona, sigues fantaseando. Se te pone hasta la sonrisa tonta cuando miras el móvil mientras hablas con ella. Es como si te hubieran embrujado.

2. ENAMORAMIENTO / LUNA DE MIEL

Es la fase en la que los mitos del amor romántico, esas normas no escritas sobre el amor, aparecen para quedarse.

Tras conoceros un poco a lo largo de varias citas y largas conversaciones hasta la madrugada por WhatsApp, te das cuenta de que te ha calado hondo. Te sientes tan enamorado que crees que la persona que tienes a tu lado es el amor de tu vida. Todo es bonito y no contemplas ningún defecto (y, si lo contemplas, no le das ninguna importancia). ¿Cómo es posible que no hubieras conocido antes a esta persona? ¿Dónde ha estado todo este tiempo?

Te diré una cosa. Esa fase no es eterna ni debería serlo. Según los estudios, dura unos tres o cuatro años (aunque he conocido parejas a las que el enamoramiento les ha durado solo algunos meses). Yo siempre llamo a esta fase la de «la locura transitoria», porque creo que durante este proceso nuestro cuerpo segrega un cóctel de sustancias bien chulo que nos hace ver y sentir cosas que en realidad no son. Este *hype* no puede durar eternamente porque el cuerpo, aunque parezca mentira, lo que en realidad está generando es estrés (llamémosle **eustrés**, el estrés positivo, ese que te hace sentir mariposas en el estómago y con el que no te dan ganas de arrancarte el pecho de dolor). Más adelante te explico cómo es esto a nivel bioquímico para que entiendas a qué me refiero.

Solo te digo que, pese a que muchas personas se empeñan en que su relación permanezca en esta fase para siempre, eso es imposible. Si todos permaneciéramos enamorados eternamente, el mundo sería un caos y, probablemente, con el tiempo, enfermaríamos; y es que el enamoramiento es para nuestro cuerpo un estado de caos y activación. Por eso la naturaleza (bien sabia ella) nos va llevando poco a poco a un estado de estabilidad.

3. DECEPCIÓN O DESENCANTAMIENTO

Y aquí es justo cuando nos quitamos las gafas del enamoramiento y nos damos cuenta de la ceguera que nos producía ese subidón y cóctel de sustancias.

Yo tenía una amiga que, sin conocer esto de las etapas, decía que tenía una maldición en las relaciones de pareja. La llamaba la maldición de los tres años. La definía como una crisis de pareja en la que se decidía si la relación continuaba o no. Ojalá esté leyendo este libro ahora mismo para entender que lo que le ocurría con sus relaciones no era una maldición, era que en sus relaciones se acababa la fase de enamoramiento y empezaba la fase de decepción.

«¿Por qué esta persona hoy no tiene ganas de acostarse conmigo? ¿Será que ya no le gusto?», te preguntas recurrentemente. También puede pasar que vuestras conversaciones ya no sean tan profundas, que no quedéis tan a menudo o que veas cosas en su comportamiento que ya no te gusten.

Pasa el tiempo y aparecen las primeras decepciones cuando se comparan las pequeñas crisis de la relación con los tópicos o mitos del amor romántico que antes asumías a pies juntillas.

En cualquier relación, sin saber aún si será sana o no, es aquí cuando se empiezan a conocer los defectos reales de la otra persona y se comienzan a solicitar cambios y a recibir solicitudes de cambio. Y aquí viene el peligro, porque, dependiendo de cómo se afronten estas crisis, la pareja logrará construir una relación sana o no.

Si los conflictos que van apareciendo se van afrontando de manera funcional y adaptativa, el vínculo se empezará a construir de manera sana.

Durante esta fase, la pareja pasa por el conocido periodo de «acoplamiento», que consiste en conocerse y «amoldarse» el uno al otro. Lo de amoldarse no es sinónimo de conformarse o perder la propia identidad. Se refiere a observar aspectos de la relación que no terminan de convencer, exponerlos ante la persona, solicitar cambios y/o posibles soluciones con las que las dos partes se sientan cómodas y trabajar para conseguir esos cambios.

Así que sí, te toca trabajar. Pero recuerda: **las relaciones requieren esfuerzo, no sacrificio**.

4. AMOR REAL / AMOR MADURO / RELACIÓN ESTABLE

Esto debería ser *relationship goals* en todas las relaciones. Sin embargo, lo más sorprendente es que esta fase, que se caracteriza por la sensación de tranquilidad y estabilidad, se suela contemplar por muchas personas como una etapa aburrida de la relación, en la que no hay amor. Pero nada más lejos de la realidad. Amor hay, solo que se vive de manera diferente.

En esta fase podríamos decir que has pasado de estar enamorado/a a sentir amor, un sentimiento mucho más elaborado y complejo.

En esta fase se construye un compromiso fiel y verdadero y se toman las decisiones más profundas y racionales. La pareja se ve como un punto de apoyo donde predomina la comunicación, el diálogo y la negociación.

Así son las cosas.

«Qué *hater* del amor eres», me dicen algunas personas. Pero no es que sea *hater*, es que mi trabajo consiste en entender el proceso que hay detrás de las relaciones para poder entender por qué pasan las cosas que pasan. O por qué mis pacientes sienten lo que sienten o piensan lo que piensan.

Así que, si bien es cierto que no soy una enamorada del enamoramiento, como muchas personas de este planeta, sí amo el amor. Y es que creo que **el enamoramiento no puede ser para siempre; sin embargo, el amor sí.**

03

Mitos del amor romántico

Decía antes que en la fase de enamoramiento aparecía una parte del inconsciente colectivo que, como podemos intuir, marca también nuestro aprendizaje y vivencia de las relaciones de pareja: los mitos del amor romántico.

Los mitos del amor romántico son una construcción simplificada de la realidad de las relaciones de pareja que tiene la capacidad de influir sobre nuestro comportamiento. Son el caldo de cultivo y alimento de las relaciones tóxicas y dependientes y aquellas relaciones que, aunque mantengan vínculos funcionales, también están destinadas a la frustración, la insatisfacción y el fracaso.

Si alguna vez los has identificado escondidos en tu forma de concebir las relaciones de pareja, tienes que saber que esto no es solo cosa tuya. La sociedad en la que vivimos es el entorno perfecto para empaparnos de falsas creencias sobre el amor que, irremediablemente, condicionan nuestro comportamiento. Hemos aprendido, por activa y por pasiva, que las relaciones de pareja se deben regir por ellos.

Existen muchas creencias irracionales acerca del amor y sobre cómo debe ser una relación de pareja. Habrá creencias que conozcas e identifiques fácilmente, pero habrá otras que no. Y es que los mitos del amor romántico suelen actuar de forma inconsciente sobre las personas. Por ello, aunque al leer lo que viene a continuación te pueda parecer evidente el razonamiento que hago al respecto, estas creencias están ahí, latentes, ejerciendo una fuerte influencia sobre la idea que puedas tener del amor y las relaciones de pareja.

1. EL SEXO SIEMPRE SERÁ MUY PASIONAL; SI NO, SIGNIFICA QUE LA RELACIÓN ESTÁ ACABADA

Lo veíamos antes. La pasión entre dos personas tiende a decrecer con el tiempo. La explicación es sencilla y se resumen a una palabra: habituación. Recuerda que el cuerpo no puede permanecer eternamente en la etapa de enamoramiento.

Las personas nos habituamos a las cosas que vemos y hacemos a menudo, y esto no es diferente en las relaciones de pareja.

La clave para evitar caer en la rutina es innovar en tus relaciones sexuales, llevando a cabo nuevas experiencias que ayuden a devolver la chispa que con el tiempo se apaga. En ocasiones acudir a terapia puede ser una buena solución para esto, dado que, además de la psicoeducación correspondiente en sexualidad y relaciones de pareja, aprendes ejercicios para hacer a solas y en pareja para trabajar el deseo.

2. SI MI PAREJA ME QUIERE, ME ACEPTARÁ TAL Y COMO SOY, SIN PEDIRME QUE CAMBIE NADA

Cuando conocemos a una persona y nos enamoramos, lo vemos todo perfecto, idealizamos a la otra parte y no somos conscientes de que somos humanos y que los humanos se caracterizan por ser imperfectos. Es con el tiempo cuando la pareja se enfrenta al día a día y las distintas situaciones que la vida nos pone en el camino.

Todos tenemos distintos puntos de vista, distintas opiniones o distintas formas de reaccionar, marcadas sobre todo por las experiencias y la historia personal. Por ello, hay que tener en cuenta que las personas somos, de base, diferentes las unas a las otras (que eso, por otra parte, es lo que nos hace especiales).

Puedes tener afinidad en cientos de aspectos con tu pareja, pero eso no implica que seáis iguales al cien por cien. Es en esas diferencias donde debéis negociar y llegar a acuerdos que hagan que ambos os sintáis cómodos. Es importante destacar que con esto **no se pretende cambiar a la persona, se pretende cambiar las conductas de la persona hacia la pareja**. Esto último lo recalco porque en muchas de las parejas que he atendido en consulta me encuentro con la típica frase de «Es que yo soy así. Si le gusta bien y, si no, ya sabe lo que hay».

Esta frase resulta totalmente incongruente en el marco de una relación. Durante el periodo de acoplamiento es completamente necesario cambiar comportamientos que resultan disfuncionales para el funcionamiento de una relación, pero, claro, cambiar comportamientos no es lo mismo que cambiar una manera de ser, y hay quien no entiende esto porque no sabe separar quién es de lo que hace.

Si da la casualidad de que tu pareja es de las que no separa una cosa de otra, te recomiendo que le expliques que en psicología «operativizamos síntomas» o, lo que es lo mismo, dividimos en hasta cuatro tipos de respuesta las reacciones de las personas:

- **Respuesta conductual**: los comportamientos. Ejemplo: ir al gimnasio, leer un libro, hablar con tu pareja, limpiar la casa, cocinar, etc.
- **Respuesta cognitiva**: los pensamientos. Ejemplo: no parar de darle vueltas a un problema («¿Y si resulta que las cosas no salen como yo espero?»).
- **Respuesta emocional**: las emociones. Ejemplo: felicidad, tristeza, celos, ansiedad, miedo, etc.
- **Respuesta fisiológica**: lo que pasa dentro de tu cuerpo, los síntomas físicos. Ejemplo: dolor de cabeza, insomnio, presión en el pecho, etc.

Y ninguna, absolutamente ninguna respuesta, define a la persona que la emite. Básicamente porque las respuestas son cosas que vienen y van. Hoy son unas y mañana pueden ser otras. Pero la persona, sus valores, la esencia o el ser, son inamovibles. En las respuestas que emitimos nos podemos equivocar; en lo que somos, no.

3. MI PAREJA DEBERÍA SABER QUÉ PIENSO, QUÉ SIENTO Y QUÉ NECESITO PORQUE ME CONOCE

Querer no significa poder adivinar lo que la otra persona necesita. Una parte fundamental de la relación de pareja es la comunicación. Comunicar pensamientos, sentimientos y necesidades es primordial para que la otra persona pueda actuar en consecuencia.

Es un error querer que el otro anticipe estas cosas porque podría equivocarse y, si se equivoca, es bastante probable que aparezca un sentimiento de frustración por ambas partes: el que no ha sabido adivinar porque no ha sabido y el que no ha sido adivinado porque no lo ha sido.

Había una frase muy famosa que rulaba por internet (supuestamente de Frida Kahlo) que me encargué de corregir. Era algo así:

Si te lo tengo que pedir,

~~ya no lo quiero.~~

Te lo pediré porque tú no puedes leerme la mente y la comunicación es la única herramienta que me permite expresar peticiones.

4. SI MI PAREJA ME QUIERE, NUNCA SE ENFADARÁ CONMIGO

Las personas no elegimos cuándo enfadarnos o cuándo sentir cualquier otra emoción, pero sí podemos manejar nuestras emociones, gestionar nuestro enfado y comunicarnos con las otras personas de manera asertiva.

En una relación de pareja es normal y necesario enfadarse y tener conflictos, que no peleas. Para mí son dos conceptos totalmente diferentes. Las peleas son conflictos que se nos van de las manos. Los conflictos, sin embargo, son oportunidades para comunicar, expresar nuestras opiniones, escuchar las de nuestra pareja y llegar a acuerdos (si es que la ocasión lo requiere). Así que **no es malo entrar en conflicto con algo o alguien, lo malo es no saber gestionarlo**.

Ya te hablé de la comunicación en mi libro *Ama tu sexo* (Penguin Random House), en el que tienes muchas herramientas y técnicas para practicar la asertividad explicadas paso a paso. Sin embargo, si no lo has leído, quiero que sepas que hay tres estilos de comunicación: **pasivo, agresivo** y **asertivo**. Para resolver conflictos, como te decía, se recomienda usar un estilo asertivo. Veamos un ejemplo de cada para hacernos una idea de cómo se vería un conflicto resuelto con cada uno de ellos.

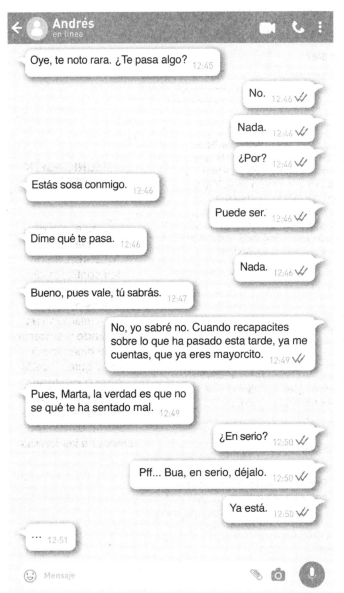

Andrés
en línea

Oye, te noto rara. ¿Te pasa algo? 12:45

No. 12:46

Nada. 12:46

¿Por? 12:46

Estás sosa conmigo. 12:46

Puede ser. 12:46

Dime qué te pasa. 12:46

Nada. 12:46

Bueno, pues vale, tú sabrás. 12:47

No, yo sabré no. Cuando recapacites sobre lo que ha pasado esta tarde, ya me cuentas, que ya eres mayorcito. 12:49

Pues, Marta, la verdad es que no se qué te ha sentado mal. 12:49

¿En serio? 12:50

Pff... Bua, en serio, déjalo. 12:50

Ya está. 12:50

··· 12:51

Mensaje

COMUNICACIÓN PASIVA

Este es el ejemplo de una pareja que «resuelve» los conflictos de manera **pasiva**. Concretamente, esperando que la otra persona «**adivine**» qué le pasa.

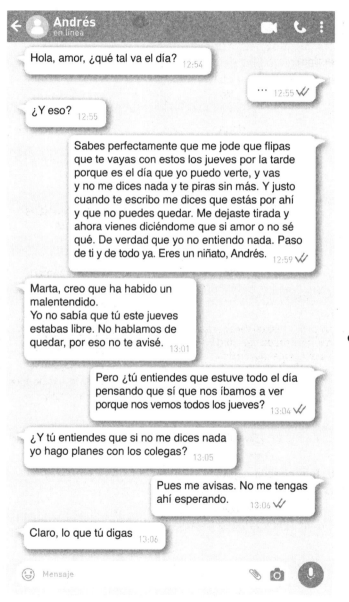

Andrés
en línea

Hola, amor, ¿qué tal va el día? 12:54

··· 12:55 ✓✓

¿Y eso? 12:55

Sabes perfectamente que me jode que flipas que te vayas con estos los jueves por la tarde porque es el día que yo puedo verte, y vas y no me dices nada y te piras sin más. Y justo cuando te escribo me dices que estás por ahí y que no puedes quedar. Me dejaste tirada y ahora vienes diciéndome que si amor o no sé qué. De verdad que yo no entiendo nada. Paso de ti y de todo ya. Eres un niñato, Andrés. 12:59 ✓✓

Marta, creo que ha habido un malentendido.
Yo no sabía que tú este jueves estabas libre. No hablamos de quedar, por eso no te avisé. 13:01

Pero ¿tú entiendes que estuve todo el día pensando que sí que nos íbamos a ver porque nos vemos todos los jueves? 13:04 ✓✓

¿Y tú entiendes que si no me dices nada yo hago planes con los colegas? 13:05

Pues me avisas. No me tengas ahí esperando. 13:06 ✓✓

Claro, lo que tú digas 13:06

😊 Mensaje

COMUNICACIÓN AGRESIVA

Este es el ejemplo de una pareja que «resuelve» los conflictos de manera agresiva. Ambos miembros de la relación **van escalando** y entrando en la dinámica de **«a ver quién puede más»** o **«yo tengo razón y tú no»**, sin mostrar empatía o entendimiento ni atender a las formas.

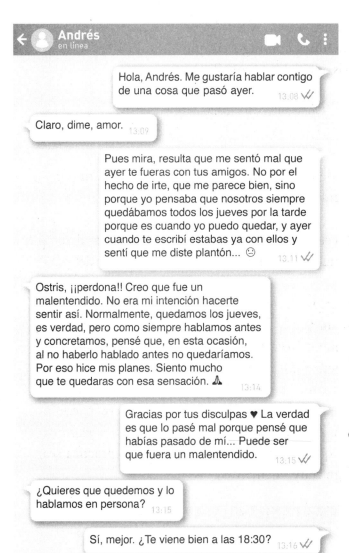

Andrés
en línea

> Hola, Andrés. Me gustaría hablar contigo de una cosa que pasó ayer. 13:08 ✓✓

Claro, dime, amor. 13:09

> Pues mira, resulta que me sentó mal que ayer te fueras con tus amigos. No por el hecho de irte, que me parece bien, sino porque yo pensaba que nosotros siempre quedábamos todos los jueves por la tarde porque es cuando yo puedo quedar, y ayer cuando te escribí estabas ya con ellos y sentí que me diste plantón... ☹ 13:11 ✓✓

Ostris, ¡¡perdona!! Creo que fue un malentendido. No era mi intención hacerte sentir así. Normalmente, quedamos los jueves, es verdad, pero como siempre hablamos antes y concretamos, pensé que, en esta ocasión, al no haberlo hablado antes no quedaríamos. Por eso hice mis planes. Siento mucho que te quedaras con esa sensación. ⚓ 13:14

> Gracias por tus disculpas ♥ La verdad es que lo pasé mal porque pensé que habías pasado de mí... Puede ser que fuera un malentendido. 13:15 ✓✓

¿Quieres que quedemos y lo hablamos en persona? 13:15

> Sí, mejor. ¿Te viene bien a las 18:30? 13:16 ✓✓

☺ Mensaje

COMUNICACIÓN ASERTIVA

Este es el ejemplo de una pareja que resuelve los conflictos de manera **asertiva**. Ambos miembros de la relación ponen atención a las **formas**, muestran **empatía** y entendimiento y **se unen contra el problema**... En este caso, un malentendido.

Las capturas de imagen de WhatsApp hablan por sí solas. Imagino que coincidirás conmigo en que el estilo asertivo es el que resulta más agradable y conciliador.

5. SI DE VERDAD ME QUIERE, DEBERÍA AGRADARME SIEMPRE

Estar en pareja debe ser algo agradable. Sin embargo, tu compañero sentimental no es el genio de la lámpara.

Por una parte, recuerda que, si no hay comunicación, por mucho amor que os tengáis, no sabréis qué pasa por la cabeza del otro.

Y, por otra parte, tienes que tener en cuenta que hay necesidades momentáneas que no pueden ser satisfechas tal y como deseamos porque o bien resultan imposibles, materialmente hablando, o bien el aspecto a cambiar no es viable o congruente para la otra persona. Por ejemplo: plantear abrir la relación a alguien que no concibe una relación abierta o, como vi hace poco en la consulta, demandar a la pareja realizar una práctica sexual que le genera rechazo (aunque la práctica sea considerada algo muy normativo).

6. SI ESTAMOS ENAMORADOS, NO NOS DISGUSTAREMOS NUNCA

Las personas tenemos emociones y sentimientos y, por tanto, tenemos derecho a sentirnos disgustados, ya no solo con la pareja, sino ante todo lo que nos parezca inadecuado.

Si tu pareja hace algo que te molesta o no es de tu agrado, debes comunicárselo para que sea consciente de tu malestar, para que lo tenga en consideración para otras veces y cambie así su conducta. Y viceversa. Una pareja es cosa de dos. Como te decía en el cuarto mito, discutir no es malo ni es indicador de que la relación va mal, ayuda a negociar y aclarar cosas. Lo malo es que las discusiones se vayan de las manos, que se afronten con una actitud agresiva, que sean constantes, que la pareja imponga sus criterios o que los problemas resueltos se repitan o se echen en cara.

7. ESTAR ENAMORADOS SIGNIFICA DESEAR ESTAR JUNTOS EN TODO MOMENTO

Estar veinticuatro horas juntos sin dejar espacio a la otra persona no es sano.

Es genial querer estar con tu pareja y tener ganas de verla a todas horas, pero, cuidado, estar demasiado tiempo juntos puede dar pie a discusiones por cosas insignificantes. Fue justamente lo que les pasó a muchas parejas tras el confinamiento por coronavirus en el año 2020.

Echarse de menos y reencontrarse (no necesariamente después de mucho tiempo) también es bonito. Además, todos tenemos obligaciones que atender. **Que tu pareja no desee estar contigo en todo momento no significa que no te quiera; significa que, además de quererte, cumple con sus responsa-**

bilidades en el trabajo, con la familia y con los amigos. Todo eso también forma parte de la vida de una persona.

Ahora bien, he observado que los mitos evolucionan y dan paso a nuevos mitos. Me he dado cuenta de que entre los más jóvenes **se está empezando a normalizar una actitud individualista en las relaciones de pareja.** «Somos novios/as pero yo tengo mi vida aparte: quedo con mis amigos/as todos los fines de semana, hago deporte, estudio o trabajo, tengo mis *hobbies*, y cuando tengo tiempo libre quedo con mi pareja». O sea, esto es un «tengo pareja, pero para cuando me sobra tiempo» en toda regla. ¿Acaso una relación es un complemento de la vida de una persona? Está bien hacer todo eso, pero si tienes pareja también tienes que dedicarle tiempo. Si este es tu caso, recuerda que **con tu pareja tienes una responsabilidad afectiva con la que debes apechugar.** Más adelante hablaré de este concepto.

8. SIEMPRE TENDREMOS LOS MISMOS INTERESES, OBJETIVOS Y VALORES

Todos pasamos por muchas situaciones a lo largo de nuestra vida que nos obligan a adquirir conocimientos y experiencia. Esto influye en cada uno de nosotros, y no, no se puede evitar. Las personas cambiamos y, por ende, las relaciones evolucionan. Negar esto sería como decir que el agua siempre es líquida, cuando sabemos que no, que puede ser sólida, líquida y gaseosa dependiendo del contexto.

9. DEBEMOS ESTAR SIEMPRE DE ACUERDO EL UNO CON EL OTRO EN LOS TEMAS IMPORTANTES

Aquí tenemos dos asuntos. Por un lado, sí, es conveniente compartir valores y tener los mismos objetivos de vida si queremos que la relación tenga futuro. Pero, por otro lado, no todas las personas consideramos importantes los mismos temas. Por eso es crucial escuchar, validar opiniones y emociones y aceptar a la otra parte.

Después de esto, si es necesario, se podrán generar acuerdos.

10. SI ME ATRAE OTRA PERSONA, ES QUE EL AMOR SE HA ACABADO

Nada más lejos de la realidad. Valorar el físico de una persona, real o ficticia, o sentirte atraído por ella no es sinónimo de dejar de querer a tu pareja ni de infidelidad. Y aquí tenemos un dilema, porque hay personas que, en pleno siglo XXI, siguen confundiendo la atracción, proceso fisiológico, con infidelidad, constructo social, o ausencia de amor, sentimiento elaborado.

Resulta que **es normal sentir amor por una persona y atracción por otra** porque las partes del cerebro que se encargan de procesar el amor y la atracción son diferentes.

Hace un tiempo hablé del tema en mi perfil de Instagram (@ maria_esclapez) y mis seguidores me preguntaron acerca de esto. Te cuento lo que expliqué.

Cuando una persona siente atracción, normalmente empieza a generar fantasías sexuales. Es decir, se imagina teniendo encuentros sexuales con quien le atrae.

Estas fantasías no son más que fenómenos cognitivos (recuerda la división de las cuatro respuestas que hacemos los psicólogos), lo que quiere decir que es una cosa que no tiene por qué salir de nuestra mente si no queremos y que no tiene nada que ver con nuestra conducta. Y, ojo, porque tampoco tenemos por qué compartirlo con la pareja. En nuestra mente somos libres.

Me preguntaron acerca de si puede haber una manera de lidiar la atracción por una persona estando enamorada de otra sin llegar a cometer una infidelidad, y lo cierto es que sí. Puedes canalizar el deseo generado masturbándote o manteniendo relaciones sexuales con tu pareja. Y aquí se armó la marimorena, porque, claro, masturbarse pensando en otra persona, vale, pero ¿cómo no me voy a sentir mal si sé que mi pareja piensa en otra persona mientras mantenemos un encuentro sexual? Pero a mí me surge una pregunta: ¿cómo sabes lo que está pensando la otra persona? La única manera, tal y como hemos visto hasta ahora, sería que tu pareja te lo dijera, pero ¿por qué tendría que hacerlo? Si planteamos que es obligatorio decir todo lo que pensamos, ¿no estaríamos restando libertad al pensamiento? ¿No caeríamos con esto en el sincericidio (hacer daño a la pareja deliberadamente con información no trascendental, en este caso)? (Entro en detalles con este término, más adelante).

Mis seguidores también me plantearon la posibilidad de sentirse culpables pensando en otra persona mientras estaban con su pareja en una situación íntima. Pero ¿sabes qué? Los pensamientos son solo eso, pensamientos. **Tu cabeza no sabe si lo que piensa está bien o mal, la connotación o la carga moral se la pones tú**. Y saber esto, querido lector o lectora, es subir un escalón en la escala de inteligencia sexual.

Voy a recalcar que **tener fantasías sexuales no tiene nada que ver con hacerlas realidad**. Es más, hay personas que son felices fantaseando en su mente y en privado, pero luego, solo de pensar en hacer realidad esas fantasías, se echan para atrás, e incluso se les corta el rollo (lo que no quita que sigan pensando en ellas). Para que veas la gran diferencia que hay entre lo que se piensa y lo que se hace.

También hay quien cree que fantasear con alguien que conoces hace que sea más probable que cometas una infidelidad que hacerlo con alguien famoso, pero, claro, esto sería así si las personas fuéramos autómatas, que no es el caso. Sin embargo, cuando ocurre, se explica, entre otras cosas, porque la persona carece de autocontrol en ese momento.

Evidentemente, saciar dicha atracción con la persona objeto de deseo no es buena idea (al menos dentro de una relación cerrada para la que se presuponen acuerdos de exclusividad). Por eso es algo que no contemplo en la lista de posibilidades.

11. EL PRÍNCIPE AZUL EXISTE

Te voy a dejar aquí un pequeño fragmento de un artículo que escribí hace un tiempo para la web de Badoo, aplicación de citas mundialmente conocida, en la que resumo perfectamente lo que implica tener pululando en nuestro inconsciente este mito:

«La media naranja, el príncipe azul... ¿Quién no ha oído alguna vez hablar de estos mitos? Hoy yo los aborrezco. Pero hubo un día en que me los creí, y me los creí firmemente porque nadie vino a explicarme lo contrario. Nadie me contó que no había ningún príncipe azul esperando ahí fuera para encontrarme y rescatarme de todas mis movidas. Nadie me dijo que la vida no es una peli en la que chica conoce a chico, comparten las palabras exactas y mágicamente, tras una serie de desventuras, ella descubre que es el amor de su vida y que además este sentimiento es correspondido. Nadie cuestionó o deconstruyó nunca la idea del amor romántico. Al contrario, impregnaba todas las películas, series y libros. Era el ejemplo de relación perfecta e ideal. Y tan ideal; pobre de aquel o aquella que quisiera hacer realidad lo ideal, la dependencia emocional terminaría llamando a su puerta. Como me pasó a mí.

Bajo el influjo de todas las mentiras con las que crecí, me adentré en el mundo de las relaciones de pareja. Quería ser alguien perfecto que quiere encontrar a la persona perfecta y que todo saliera perfecto. ¿Expectativas altas? Para nada, era lo que veía alrededor, lo normal. ¿Presión? Un poco, he de confesar. Cada cita era LA CITA. Ya me entendéis. Sentía que no había espacio para el fracaso […], que tenía que encontrar a esa persona única y maravillosa, a ese príncipe azul inexistente que adivinara mis pensamientos e hiciera en cada momento lo que yo esperaba que hiciera. Claro, así todo salía siempre mal».

Así que el príncipe azul, también conocido como «la persona perfecta» en cualquiera de sus sexos o géneros, no existe. Todos tenemos nuestros defectos y virtudes.

Y lo siento, **nadie va a venir a salvarte de tu malestar emocional**, al igual que nadie vino a salvarme a mí ni a ninguna persona de este mundo.

12. TODOS NECESITAMOS ENCONTRAR A NUESTRA MEDIA NARANJA; SI NO, SIGNIFICA QUE NUESTRA VIDA ESTÁ INCOMPLETA

Compartir la vida con alguien más es genial y puede ser muy enriquecedor; sin embargo, esta decisión no debe tomarse bajo el paraguas de la «necesidad». **Las personas ya somos seres completos tal como somos.**

13. SI SIENTE CELOS ES PORQUE ME QUIERE O LE IMPORTO

Aunque te hablaré de esto en otro capítulo, te adelanto que los celos no son amor, son un reflejo de miedos e inseguridades.

Una persona puede tener en alta consideración a alguien (que le importe), amar y también puede sentir celos, pero desde luego **sentir celos no es un indicio del amor que se profese.**

14. EL AMOR PUEDE CON TODO

El amor es necesario en una relación, pero no suficiente. Se necesitan otras herramientas para poder mantener una relación en el tiempo: capacidad de comunicación, empatía, resolución de problemas, gestión de emociones, etc.

Imagínate una relación en la que la pareja se falta al respeto, mantiene actitudes de lucha, no se comunica y ni siquiera pasa tiempo juntos. La pareja podría jurar que hay amor, pero desde luego el amor que sienten no es suficiente para que la relación funcione.

15. LOS POLOS OPUESTOS SE ATRAEN

Bueno, resta decir que nosotros no somos imanes, somos personas, pero, aun así, te diré que este mito es falso y cierto a la vez.

A priori, la idea de estar con alguien muy diferente a nosotros puede resultar muy buena porque parece que «nos complementa», así que sí, nos suelen atraer aquellas personas a las que adjudicamos características personales de las que carecemos como una estrategia para complementarnos y crear un equilibrio. Por ejemplo: «Como considero que a mí me falta seguridad en mí mismo, me fijo en personas que parecen muy seguras de sí mismas para apoyarme en ellas». Pero, ja, esto es una trampa.

Esto reflejará más adelante un desequilibrio de roles marcado por la dominancia (persona segura) y la sumisión (persona insegura). Y, a largo plazo, **si esas diferencias se mantienen, la relación puede convertirse en una fuente de sufrimiento**.

Por otra parte, también es verdad que pueden existir diferencias en cuanto a los gustos, pero la mayoría de relaciones tóxicas no son tóxicas porque a uno le guste el rosa y al otro el verde, son tóxicas porque las personas que la conforman son polos opuestos en las maneras de relacionarse con las personas en la esfera más íntima y en las maneras de afrontar los aspectos más emocionales de la relación.

«Y, así, el león se enamoró de la oveja», escribía Stephenie Meyer en su obra *Crepúsculo*.

Antes me lo creía. Ahora me da vergüenza ajena y pena a partes iguales pensar en mi yo de 16 años leyendo esto e imaginando cómo sería ella siendo una «oveja» y lo bonito que podría ser estar acompañada de un «león» en una hipotética relación.

16. EL AMOR ES PARA SIEMPRE

No existe garantía definitiva alguna de que una relación vaya a ser para siempre. Un anillo o una boda tampoco lo es. A veces las relaciones terminan y otras veces continúan. Todo depende de la gestión de la relación. **La confianza respecto a la duración de la relación es prácticamente un acto de fe.** Si se piensa mucho en obtener «demostraciones» para asegurarnos de que el amor es para siempre, no solamente estaremos gastando energías en vano, sino que estaremos entrando en un círculo vicioso muy difícil de romper.

PODEMOS HACER UN SÍMIL CON UNA PLANTA

Algunas plantas pueden durar para siempre y otras no. Todo depende de los cuidados que aportemos día a día. Si cuidamos la planta todos los días, la mimamos, prestamos atención a las adversidades que se presenten (mal tiempo, bichos, etc.) y les ponemos solución, es más probable que la planta sobreviva y dure más. Si, por el contrario, solo la regamos de vez en cuando, por mucho que queramos que la planta dure, es más probable que se marchite antes. Aunque nuestro deseo sea que dure para siempre. A veces incluso puede que la cuidemos un montón y la planta se muera igual por algo que se escapa a nuestro control. Por eso, nada nos garantiza el éxito, pero sí es cierto que cuanto más trabajamos por y para la planta de la manera adecuada, más probabilidades hay de que dure más tiempo.

17. EL AMOR ES «DOS EN UNO»

El amor no puede ser «dos en uno» (dos personas en una, modelos de «inclusión» o «fusional utópico»), porque cada persona tiene su identidad, sus pensamientos, sus emociones, sus conductas y su forma de ver las cosas. No podemos ni debemos «fusionarnos» con la otra persona por mucho que la queramos. Podemos quererla un montón, pero mimetizarnos con ella puede ser arriesgado, dado que podemos perder nuestra identidad y aquello que nos hace únicos/as. Por eso el modelo que ha de definir nuestras relaciones de pareja es el de interdependencia.

TIPOS DE RELACIÓN AMOROSA

♡ DE INCLUSIÓN
Uno/a de los/as dos es dependiente del otro/a. no hay espacio propio.

♡ FUSIONAL UTÓPICO
Típico del enamoramiento. Se comparte todo no hay espacio propio.

♡ INTERDEPENDENCIA
Se comparten cosas, pero hay un espacio propio.

♡ SEPARACIÓN TOTAL
No se comparte nada.

Recuerdo que en mi primera relación idealicé tanto a mi pareja que prácticamente me convertí en él. Me avergüenza reconocer esto porque por entonces siempre defendía a capa y espada que yo era así. Pero la realidad es que no. Yo era más él que yo. Escuchaba su música, vestía con su mismo estilo y hasta hacía creer que pensaba como él diciendo frases que él decía. Me mimeticé inconscientemente, pero creo que mi cerebro lo hacía como un intento desesperado de no ser abandonada de nuevo, porque antes de que pasara esto yo ya venía con el traumita de haber roto y vuelto con él sin explicación ninguna. Pensaba que, **si hacía o decía las cosas que él hacía y decía, recibiría su aplauso y generaría un vínculo más fuerte para que nunca más me volviera a dejar.** (*Spoiler*: no funcionó. Me dejó de nuevo porque justamente decía que yo ya no era la misma de siempre, y razón no le faltaba). Lo curioso de esto es cómo llegas a creértelo. El poder de la mente y las cositas de tener baja autoestima, cariño. En la actualidad, como a mí me gusta mucho hacer humor de mis desgracias, me río bastante cuando pienso en que ojalá me hubiera dado por parecerme a, no sé, Beyoncé.

18. LOS QUE SE PELEAN SE DESEAN

Esto se suele decir cuando se cree que «hay tensión sexual no resuelta» entre dos personas y hay quien defiende esto bajo el argumento de no saber usar otra herramienta para buscar proximidad con la persona que te gusta.

Las reconciliaciones pasionales tras una pelea también han servido para echar más leña al fuego. Pero la verdad es que todo esto es solo una creencia popular. En los próximos capítulos te demostraré por qué pasa esto de los dramas y las reconciliaciones explosivas. Te adelanto que no tiene nada que ver con el mito.

Si te peleas con alguien, no es que lo desees, es que te estás peleando. Fin de la historia.

19. EL AMOR ES LO MÁS IMPORTANTE Y REQUIERE ENTREGA TOTAL

El amor es importante.

Una relación de pareja es importante.

Pero la idea de «entregarse totalmente» está relacionada con la filosofía del «sacrificio» y de dar, aunque no obtengas nada a cambio, algo nada funcional.

Cabe decir que las personas codependientes se aferran mucho a este mito para justificar su comportamiento de preocupación máxima por su pareja.

En las relaciones de pareja hay que generar un equilibrio entre lo que se da y lo que se recibe. No es que tengas que estar midiendo, pero sí has de notar que los esfuerzos son mutuos y que las muestras de afecto, sean como sean, son recíprocas. A veces una de las dos partes dará más que la otra y otras será a la inversa, pero lo importante es que siempre haya un equilibrio en el tiempo.

20. UNA VEZ QUE ESTOY EN UNA RELACIÓN «SOY» DE MI PAREJA

«Eres mía, mía, mía», suspiraba Romeo Santos en su canción.
«Eres mía, solo mía», le decía Christian Grey a Anastasia Steele.
«Eres mía», cantaba Alejandro Sanz.
«Siempre tuyo, siempre mía, siempre nuestros», repetían Carrie Bradshaw y Mr. Big, inspirados en las cartas de Beethoven a su amada.
«Eres mía», trapea Bad Bunny.
«Eres mía», le decía Edward Cullen a Bella Swan.

¿Casualidad que en la mayoría de situaciones que todos conocemos siempre sea un hombre quien se lo dice a una mujer? Ahí lo dejo.

Pero que no se te olvide. Tú eres tuyo/a. Estar en pareja no es poseer, es compartir.

A estas alturas ya, te habrás dado cuenta de que **el amor verdadero no se encuentra, se construye.** Y que **enamorarse es fácil, aprender a amar no.**

Ay, cariño, nos lo vendieron como amor, y nos lo creímos. Veamos un ejemplo de este mito reflejado en la vida cotidiana.

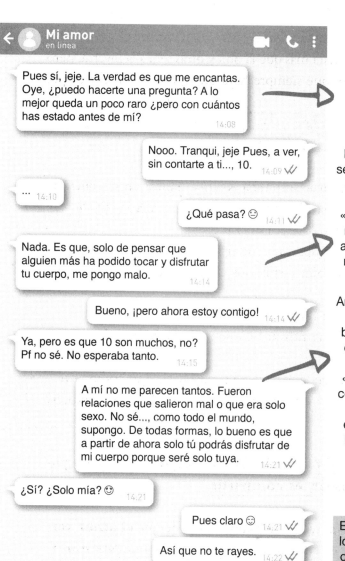

Mi amor
en línea

Pues sí, jeje. La verdad es que me encantas. Oye, ¿puedo hacerte una pregunta? A lo mejor queda un poco raro ¿pero con cuántos has estado antes de mí?
14:09

Nooo. Tranqui, jeje Pues, a ver, sin contarte a ti..., 10.
14:09

... 14:10

¿Qué pasa? ☺
14:11

Nada. Es que, solo de pensar que alguien más ha podido tocar y disfrutar tu cuerpo, me pongo malo.
14:14

Bueno, ¡pero ahora estoy contigo!
14:14

Ya, pero es que 10 son muchos, no? Pf no sé. No esperaba tanto.
14:15

A mí no me parecen tantos. Fueron relaciones que salieron mal o que era solo sexo. No sé..., como todo el mundo, supongo. De todas formas, lo bueno es que a partir de ahora solo tú podrás disfrutar de mi cuerpo porque seré solo tuya.
14:21

¿Sí? ¿Solo mía? ☺
14:21

Pues claro ☺
14:21

Así que no te rayes.
14:22

☺ Mensaje

Esta pregunta es innecesaria e intrascendente para una relación.

Esto es MANIPULACIÓN. La sensación que provoca es una mezcla entre falso romanticismo «solo quiero que seas mía» y bronca sobre algo que no se puede modificar, por lo que genera culpa.

Ante la culpa generada y las creencias basadas en los mitos del amor romántico, la persona cede a «ser solo suya», tal y como la pareja quería. Ese argumento es el que más adelante la pareja usará para justificar cualquier comportamiento susceptible de provocar celos.

Estamos ante uno de los casos más sutiles de manipulación que podemos encontrar en una relación entre personas que se están conociendo.

04

Cómo identificar la dependencia emocional

Acabamos de dar un paseo por una parte importante del contexto que va a determinar todo lo que viene a continuación.

Saber identificar si estás en una relación de dependencia emocional o no es básico para determinar qué clase de relación tienes.

¿Estás preparado? Respira, puede que algunas de las cosas que leas a continuación te revuelvan por dentro.

Tener la sensación de que algo no va bien

Es una característica de las relaciones dependientes que nunca falla. Además, cuando la vives desde dentro, tienes la sensación de que, sin explicación aparente, nunca consigues estar del todo tranquilo. Y eso, cariño, es ansiedad.

Falta de equilibrio y sensación de sacrificio

Este hecho tiene origen en uno de los ya conocidos mitos del amor romántico que te contaba antes: «El amor es dar sin recibir nada a cambio».

Esto me recuerda el caso de **Clara**, una mujer de 35 años, casada con Enrique, de 38 años. Ambos tenían un hijo en común. Recuerdo cuando los vi entrar juntos a mi consulta. Ella era la única que hablaba mientras que Enrique se comportaba como si la cosa no fuese con él. Tras hora y media de sesión, mi impresión fue que solo Clara parecía interesada en salvar esa relación y que, probablemente, era una mujer codependiente. Él, a pesar de tener problemas con el juego, no vino nunca más a terapia, pero ella continuó viniendo conmigo semanalmente hasta un año más tarde.

—Me está costando mucho esfuerzo mantener esta relación, María. Me siento desgastada. He perdido muchísimo peso y siento que no puedo más. He intentado hablar con Enrique mil veces, ya no sé qué más hacer.

Clara es de esas personas a las que es imposible no cogerle cariño. Es una mujer responsable, atenta, cariñosa y una supermadre. Ella podía con todo, su hijo, su trabajo, su casa y su relación. Pero todo el mundo tiene un límite.

—La semana pasada tuvimos una conversación muy seria —me dijo otro día—. Nos sentamos en el sofá mientras el niño dormía y le dejé claro que no puedo más. Ahora parece que se ha puesto las pilas, pero tengo miedo de que en los próximos días todo vuelva a la normalidad. Siento que solo yo tiro del carro.

Y es que Enrique, es verdad, siempre hacía lo mismo. Es curioso que Clara entendiera que la normalidad era que su marido no participara en la relación. **Y es que nos acostumbramos a todo, incluso a lo que nos supone sufrimiento.**

Hoy en día Clara y Enrique siguen juntos, pero los avances de ella en terapia fueron increíbles. Se la tomó muy en serio, adquirió consciencia de su situación y dejó de ser una de esas «mujeres que aman demasiado».

Ahora quiero que me acompañes a ver el caso de **Diego**, un chico de 24 años, cuya relación tóxica y dependiente nos lleva a explicar los siguientes puntos.

La prioridad absoluta es la pareja

Diego era un chico maravilloso. Trabajador, deportista, inteligente y guapo. Apareció en mi consulta porque tenía dudas acerca de su relación de pareja. Estaba con una chica (Olaya) de su misma edad que conoció gracias a un amigo suyo. Decía estar muy bien con ella, en general, pero que a veces había situaciones que no le hacían sentir muy bien.

Empezamos a hablar y Diego me confesó que, para él, Olaya iba antes que todo lo demás. Me puso varios ejemplos.

Me comentó que, los fines de semana, antes de hacer cualquier plan con sus amigos, él le preguntaba primero a ella si le apetecía hacer algo. Ella, sin embargo, la mayoría de las veces no le decía nada, directamente quedaba con sus amigas y eso hacía que Diego se sintiera abandonado. Aquí Diego lo estaba haciendo bien, demostraba importarle la relación y tener en cuenta a Olaya como parte de su vida para poder organizar planes en pareja o individuales. Olaya, sin embargo, parecía vivir en la inopia, completamente ajena a la relación.

También me dijo que, de normal, él proponía planes y ella los rechazaba, pero que, cuando ella proponía algún plan, él dejaba lo que estuviera haciendo para irse con ella. Una vez, Diego estaba con sus amigos cuando Olaya le dijo por mensaje que quería quedar en ese mismo momento. Él rápidamente se inventó una excusa para dejar a sus amigos y se fue con ella.

Esto ya me dejó de sonar a una prioridad sana, en la que se le da el lugar que corresponde a la pareja dentro de la vida de una persona, y me empezó a sonar a prioridad absoluta, una de las características propias de las relaciones dependientes.

En otra ocasión, Diego estaba estudiando para un examen que tenía al día siguiente, le llamó Olaya diciendo que se encontraba mal anímicamente, y ya estuvo todo el día más pendiente de ella que de estudiar, lo cual le llevó al suspenso.

Recuerdo aquel episodio en el que hacía dos semanas que Diego había pasado por una cirugía que le había dejado una cicatriz con varios puntos en el abdomen, y ella insistió en ir a la feria el fin de semana. Diego, en lugar de quedarse en casa haciendo reposo, hizo el esfuerzo de ir con ella a la feria, se le saltó uno de los puntos y tuvo que ir al hospital.

En los tres últimos casos, vemos que Olaya está siendo la prioridad absoluta de Diego, pero que Diego no está siendo la prioridad de Olaya. Esto, a grandes rasgos, puede parecer que es algo circunstancial o meramente anecdótico. La solución parecía bien sencilla: hablar con Olaya para que fuera consciente de lo que estaba sucediendo y entrenar a Diego para que aprendiera a poner límites y a cultivar su amor propio con el objetivo de colocarse a él mismo como prioridad (siempre desde el sentido común y dejándole a Olaya el lugar que merece en su vida). Hasta ahí nada preocupante en la relación como tal, suelo observar otras características sospechosas en la relación para confirmar mis hipótesis. El problema lo fui descubriendo en las sesiones posteriores, en las que pasaron cosas que, unidas a estas anécdotas, bien definirían una relación tóxica y dependiente.

Un día Diego vino llorando, desconsolado.

—¿Qué te ha pasado? —dije horrorizada.
—Olaya me ha dejado. Dice que no siente por mí lo que sentía al principio y que cree que no puedo hacerla feliz.

Como si la felicidad de Olaya dependiera de Diego. Menuda manera de concebir el amor estaba empezando a mostrar Olaya. Esto apuntaba maneras.

Diego me lo contó todo con pelos y señales y empezamos a trabajar en el duelo en aquella misma sesión.

La relación es intermitente. «Ni contigo ni sin ti»

Al cabo de dos semanas, volví a tener sesión con él.

—Diego, te noto pletórico, ¿qué tal ha ido la quincena? —dije sonriendo.
—Muy bien, María, he vuelto con Olaya.

Mi cara cambió. No es que no me alegrara de que Diego hubiera vuelto con Olaya, es que mis sospechas empezaban a confirmarse. Y, en efecto, no me equivocaba. Fueron pasando las semanas y aquello era un ciclo infinito de rupturas y reconciliaciones.

Lo peligroso del drama:

Quien me conoce sabe que me gusta mucho hacer bromas y reírme en las sesiones (siempre que la ocasión lo permita, por supuesto). Creo que la risa ayuda a quitar hierro a cualquier asunto. Así que, cada vez que Diego me contaba algo que su pareja le había dicho o hecho, yo le decía: «¿Ya estamos con el drama?». A lo que Diego sonreía y me contestaba: «Sí, María, otra vez. Vaya película te traigo hoy». Y es que estar con Olaya era como vivir en una telenovela. Las rupturas eran muy dramáticas y las reconciliaciones muy pasionales. Cada conversación por WhatsApp que Diego me mostraba con ella parecía una escena sacada de *Crepúsculo*.

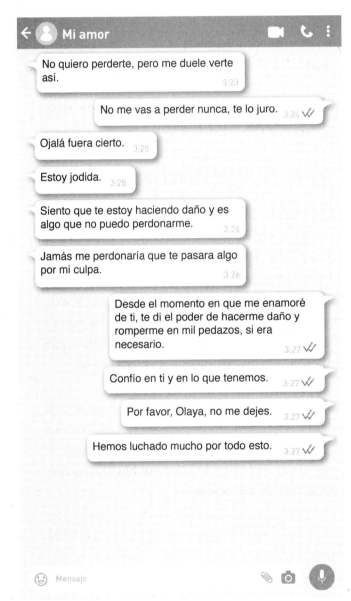

Mi amor

No quiero perderte, pero me duele verte así. 3:23

No me vas a perder nunca, te lo juro. 3:24

Ojalá fuera cierto. 3:25

Estoy jodida. 3:25

Siento que te estoy haciendo daño y es algo que no puedo perdonarme. 3:26

Jamás me perdonaría que te pasara algo por mi culpa. 3:26

Desde el momento en que me enamoré de ti, te di el poder de hacerme daño y romperme en mil pedazos, si era necesario. 3:27

Confío en ti y en lo que tenemos. 3:27

Por favor, Olaya, no me dejes. 3:27

Hemos luchado mucho por todo esto. 3:27

Mensaje

Esta conversación refleja una intensidad desmedida y, además, está repleta de tópicos del amor romántico:
- «Me pongo en tus manos».
- «Soy vulnerable».
- «Estoy a tu merced».
- «Mi bienestar depende de ti».
- «Yo dependo de ti».
- «Tú, mi pareja, eres la responsable de mi bienestar».

Las relaciones **sanas son igualitarias**, no hay nadie por encima ni por debajo de nadie. En el momento en que se tiene la idea o sensación de ser vulnerable ante la otra persona, se marcan los típicos **estereotipos de roles** basados en la **dominancia** y la **sumisión**.

Con el tiempo era él quien venía a sesión diciendo: «María, hoy traigo drama», y nos reíamos porque ya sabíamos la que se nos venía encima.

Lo malo de los dramas es que el efecto montaña rusa emocional está asegurado.

El efecto montaña rusa emocional es muy típico de las relaciones tóxicas.

Sentirse como en una montaña rusa es sinónimo de estar un día bien y un día mal (o de recibir una de cal y otra de arena). Hay personas que incluso reconocen no saber estar en una relación sin tener esas variaciones. Lo que seguramente desconozcan es que esto resume a la perfección el **refuerzo intermitente, uno de los fenómenos más típicos, a la par que peligrosos, de las relaciones tóxicas y dependientes**.

Que una persona te dé una de cal y otra de arena, es decir, que a veces se porte bien contigo (refuerzo) y a veces se porte mal (castigo), engancha. Ya te digo que si engancha. Para que te hagas una idea, engancha como si fuera una **droga**. Tanto que a veces incluso hablamos de **adicción**.

El refuerzo intermitente es de los que más rápido se aprenden y más fuerte condicionan. Lo que refuerza no es más que la manera de relacionarte con la otra persona. Con el refuerzo intermitente somos capaces de aprender que estar en una relación de pareja es estar muy bien un día (o una etapa) y muy mal al siguiente. Aprendemos que tenemos que estar siempre alerta por si pasa algo malo. Aprendemos que el amor es drama y sufrimiento a la par que pasión y felicidad. Pero la realidad es que no, que, **aunque para sacar adelante una relación de pareja necesitamos esforzarnos, no necesitamos sacrificarnos**. Y mucho menos tener la sensación de aguante.

Está adicción provocada por las subidas y bajadas emocionales es uno de los motivos por los que cuesta tanto romper una relación dependiente. Al igual que una persona adicta a una sustancia, en las relaciones dependientes las personas implicadas están «enganchadas» a ese refuerzo, principalmente la persona codependiente (como en este caso Diego, que no sabe cuándo aparecerá ese refuerzo en forma de conciliación, pero que de alguna manera lo espera porque así ha sido el resto de veces).

Las responsables de estos altibajos emocionales son unas moléculas llamadas dopamina, serotonina, feniletilamina, endorfinas, adrenalina, noradrenalina y oxitocina. Según los niveles de dichas sustancias, nos sentiremos con el subidón o con el bajón máximo.

La **oxitocina**, también conocida como la hormona del amor, se libera cuando acariciamos, besamos o abrazamos a nuestra pareja, cuando mantenemos relaciones sexuales y, en definitiva, cuando nos sentimos queridos. Es una de las sustancias responsables de la creación y el fortalecimiento de vínculos de proximidad entre las personas.

La **serotonina** es un neurotransmisor. Cuando sus niveles disminuyen (cosa que pasa durante el enamoramiento), provoca que estés constantemente pensando en tu *crush*. En el momento en el que la relación se estabiliza y el vínculo entre las personas es fuerte, aumenta el nivel de serotonina, generando así estabilidad emocional.

Por cierto, a dar vueltas constantemente a un pensamiento o asunto se le llama *rumiar* (como las vacas cuando comen y mastican millones de veces la comida; pues nosotros igual, pero con los pensamientos).

Las **endorfinas** son otras sustancias que producen la falta de sensación de dolor o sufrimiento. Por eso, cuando te reconcilias con tu pareja y todo va bien en ese momento, tienes la sensación de que lo que pasó anteriormente (el drama) no tiene importancia. Podríamos decir que las endorfinas actúan como anestesiante.

La **dopamina** es el neurotransmisor del deseo y el placer, pero ojo, no solo a nivel sexual, sino también motivacional. La dopamina es la sustancia predominante de nuestro sistema de recompensa cerebral y, en asuntos de relaciones, hace que nuestra motivación por estar con la persona amada aumente.

La dopamina y la serotonina son las culpables de que nos «enganchemos» a esa persona especial y que deseemos tener contacto físico y estar todo el rato con ella. Para que veas el poder de enganche que tienen, estos niveles en dichas sustancias son los mismos que se generan con los juegos de azar y la consumición de drogas.

Por los efectos de la dopamina, estar con quien te mola te proporciona más energía, alegría, motivación, concentración y sentimiento de que nada malo puede ocurrir.

Esto era lo que le pasaba a Diego. Cuando todo iba bien con Olaya, parecía que a su día le faltaban horas. Era el mejor trabajador de su empresa, se apuntaba a cursos e incluso tenía la sensación de que ni siquiera necesitaba venir a terapia.

También era lo que le pasaba cuando todo iba mal con Olaya. Durante la ruptura, los niveles de dopamina disminuían y Diego manifestaba una desesperación por volver con ella y volver a tener las mismas sensaciones (o, como decía él, «volver a estar como antes»), lo que quería decir que su cerebro «echaba de menos» esos altos niveles de dopamina.

La **feniletilamina**, que da paso a la dopamina, es una sustancia que otorga esa placentera sensación de estar flotando en una especie de nube. Sus efectos duran entre tres y cuatro años (¿Te suena esto de algo? Es la misma duración que, según la antropóloga Helen Fisher, se le atribuye al enamoramiento).

¿Nunca te ha pasado eso de estar tranquilo/a en casa, recibir un mensaje de tu *crush* y que parezca que se te vaya a salir el corazón del pecho? ¡Ajá!, la responsabilidad de esa sensación es en parte de la dopamina. La otra parte de la responsabilidad la tiene la noradrenalina.

La **noradrenalina** es otra sustancia que induce euforia y excitación (recuerda no pensar en estos conceptos solo en términos de sexualidad), provocando esas sensaciones de nervios, rubor, risa nerviosa, sudoración o que «el corazón se salga del pecho».

La **adrenalina**, que trabaja conjuntamente con la noradrenalina, se libera en periodos de estrés y ansiedad, en este caso durante el enamoramiento, por contradictorio que pueda parecer. Y es que el enamoramiento es, en realidad, una fase anómala para el cuerpo, acostumbrado a la estabilidad de la vida general. La adrenalina se encarga de acelerar el pulso y es la responsable del fenómeno de «la boca seca».

LA RESPONSABLE DEL FENÓMENO DE LAS MARIPOSAS EN EL ESTÓMAGO ES LA ADRENALINA

Esta sustancia hace que aumente el peristaltismo o, dicho de otra manera, que sientas mariposas en el estómago. El peristaltismo es el fenómeno físico que describe el conjunto de movimientos de contracción del tubo digestivo que permiten la progresión de su contenido desde el estómago hacia el ano. Vamos, que, cuando sientes mariposas en el estómago, lo que estás sintiendo realmente es ansiedad.

Los niveles de adrenalina y noradrenalina disminuyen cuando hay un duelo amoroso, lo que se traduce en pasividad conductual y una falta de energía tremenda.

Y, así, todas estas sustancias, entre las subidas y bajadas, son las responsables del síndrome de abstinencia o el «mono» por la pareja y por aquello que vivías con ella.

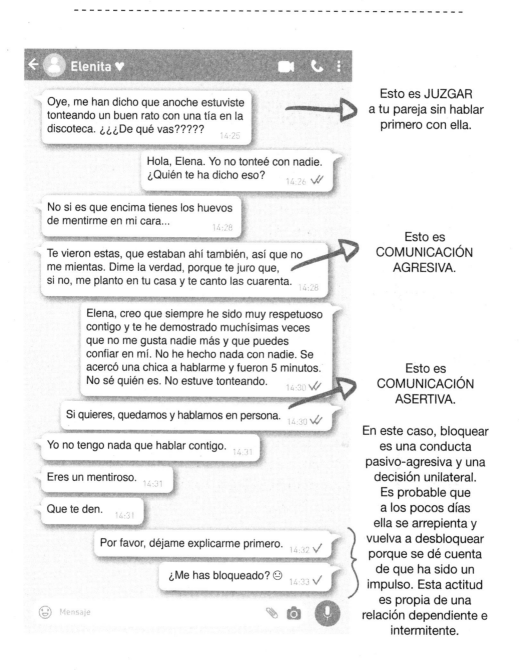

Elenita ♥

Oye, me han dicho que anoche estuviste tonteando un buen rato con una tía en la discoteca. ¿¿¿De qué vas????? 14:25

Hola, Elena. Yo no tonteé con nadie. ¿Quién te ha dicho eso? 14:26 ✓✓

No si es que encima tienes los huevos de mentirme en mi cara... 14:28

Te vieron estas, que estaban ahí también, así que no me mientas. Dime la verdad, porque te juro que, si no, me planto en tu casa y te canto las cuarenta. 14:28

Elena, creo que siempre he sido muy respetuoso contigo y te he demostrado muchísimas veces que no me gusta nadie más y que puedes confiar en mí. No he hecho nada con nadie. Se acercó una chica a hablarme y fueron 5 minutos. No sé quién es. No estuve tonteando. 14:30 ✓✓

Si quieres, quedamos y hablamos en persona. 14:30 ✓✓

Yo no tengo nada que hablar contigo. 14:31

Eres un mentiroso. 14:31

Que te den. 14:31

Por favor, déjame explicarme primero. 14:32 ✓

¿Me has bloqueado? ☺ 14:33 ✓

Mensaje

Esto es JUZGAR a tu pareja sin hablar primero con ella.

Esto es COMUNICACIÓN AGRESIVA.

Esto es COMUNICACIÓN ASERTIVA.

En este caso, bloquear es una conducta pasivo-agresiva y una decisión unilateral. Es probable que a los pocos días ella se arrepienta y vuelva a desbloquear porque se dé cuenta de que ha sido un impulso. Esta actitud es propia de una relación dependiente e intermitente.

Como vemos en esta radiografía de WhatsApp, Elenita cede al impulso motivada por su ira y bloquea a su pareja. Esto la llevará de cabeza a sufrir el «mono» cuando su amígdala, parte del cerebro responsable de la conducta impulsiva, se desactive y deje paso al resto de sensaciones típicas de los bajones emocionales motivados por los desniveles de las moléculas correspondientes. En otras palabras, cuando a Elena se le pase el calentón, el enfado desaparecerá y se arrepentirá de lo que ha hecho. Normalmente, tras esta situación, la persona impulsiva suele iniciar un nuevo acercamiento a la pareja para pedir disculpas e intentarlo otra vez.

La relación es un ciclo de conflictos y reconciliaciones

La intermitencia de las relaciones tóxicas es cíclica y durante el proceso, se diferencian tres fases:

Enamoramiento o luna de miel:

Como te expliqué en el capítulo anterior, esta es la fase en la que te sientes tan enamorado que consideras que la persona que tienes a tu lado es el amor de tu vida. Sientes que tu vínculo es especial, mágico y superior a cualquier otra relación que hayas tenido antes. En comparación, todas tus parejas del pasado te parecen meras anécdotas. La química que tenéis entre vosotros/as es muy fuerte y no sabréis si la relación saldrá bien si no lo intentáis. Así que, confiando en el amor que os profesáis, te lanzas de cabeza a la piscina. El destino al fin te deparaba algo tan bueno que ni en las mejores películas de Hollywood. Lejos quedan aquellos días de sufrimiento en los que pensabas que nunca volverías a enamorarte.

Tensión:

Empiezan a aparecer en la relación lo que se conocen como *banderas rojas* o *red flags*, comportamientos que, sin entender muy bien por qué, comienzan a ser habituales.

Observas que justo cuando necesitas pedirle un favor, casualmente nunca está disponible, lo sientes frío ante tu dolor, y solo estás en su lista de prioridades cuando le interesa obtener algo de ti.

En el siguiente capítulo profundizaremos con más detalle que son las *red flags* y te mostraré ejemplos para que puedas identificarlas en tus relaciones, si las hay.

Al principio no haces mucho caso; lo vuestro es muy especial, y nada ni nadie podría romperlo. Así que concluyes que vuestros problemas se tratan solo de malentendidos o casos aislados, lo que te servirá para justificar el daño que alguna vez te haya hecho sentir. Sin embargo, poco a poco **observas cómo las cosas empiezan a cambiar y presencias ciertos comportamientos que no se corresponden con aquella persona que conociste**. Esto te generará lo que conocemos como **disonancia cognitiva**, que, aplicado a este caso, significa una falta de sintonía entre dos pensamientos o un pensamiento y una emoción, un comportamiento que entra en conflicto con tus creencias. *Spoiler.* Este fenómeno cognitivo te acompañará el resto de la relación.

La relación se vuelve territorio hostil ante tus ojos, y tú lo único que quieres es estar bien y volver a tener lo que teníais antes.

Explosión o agresión:

Esta fase comienza cuando la relación se vuelve insostenible. Empiezan las discusiones en las que os echáis en cara todas las cosas que os han ido haciendo daño durante la fase de tensión. Aparece la violencia verbal, el orgullo, la actitud prepotente y agresiva, los gritos, los insultos y/o las conductas pasivo-agresivas.

Entonces abres los ojos y te das cuenta de que todo ha sido un error y que no quieres seguir más en esa relación, así que decides ponerle fin.

Tú mereces ser feliz, y nadie puede arrebatarte eso. Hay más peces en el mar.

Pasan los días (a veces solo horas) y, tras el silencio, uno de los dos vuelve a dar la cara. Con el corazón roto, cuando ya no tienes esperanza en nada ni nadie y una tremenda sensación de vacío inundaba tu pecho, aparece la persona. Parece que la tormenta empieza a calmarse.

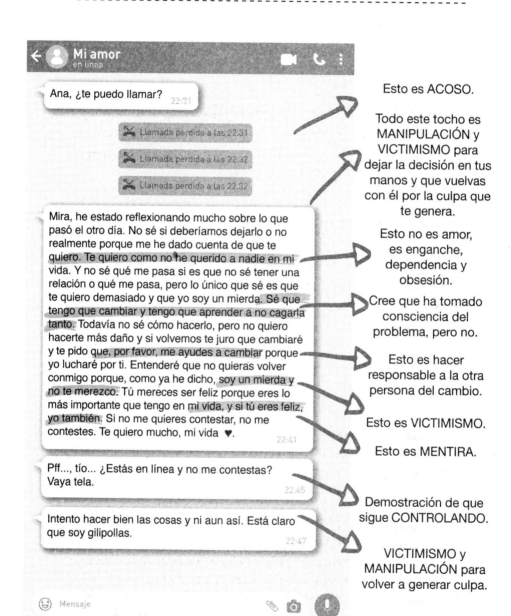

Mi amor
en línea

Ana, ¿te puedo llamar? 22:31

Llamada perdida a las 22:31

Llamada perdida a las 22:32

Llamada perdida a las 22:32

Mira, he estado reflexionando mucho sobre lo que pasó el otro día. No sé si deberíamos dejarlo o no realmente porque me he dado cuenta de que te quiero. Te quiero como no he querido a nadie en mi vida. Y no sé qué me pasa si es que no sé tener una relación o qué me pasa, pero lo único que sé es que te quiero demasiado y que yo soy un mierda. Sé que tengo que cambiar y tengo que aprender a no cagarla tanto. Todavía no sé cómo hacerlo, pero no quiero hacerte más daño y si volvemos te juro que cambiaré y te pido que, por favor, me ayudes a cambiar porque yo lucharé por ti. Entenderé que no quieras volver conmigo porque, como ya he dicho, soy un mierda y no te merezco. Tú mereces ser feliz porque eres lo más importante que tengo en mi vida, y si tú eres feliz, yo también. Si no me quieres contestar, no me contestes. Te quiero mucho, mi vida ♥. 22:41

Pff..., tío... ¿Estás en línea y no me contestas? Vaya tela. 22:45

Intento hacer bien las cosas y ni aun así. Está claro que soy gilipollas. 22:47

Mensaje

Esto es ACOSO.

Todo este tocho es MANIPULACIÓN y VICTIMISMO para dejar la decisión en tus manos y que vuelvas con él por la culpa que te genera.

Esto no es amor, es enganche, dependencia y obsesión.

Cree que ha tomado consciencia del problema, pero no.

Esto es hacer responsable a la otra persona del cambio.

Esto es VICTIMISMO.

Esto es MENTIRA.

Demostración de que sigue CONTROLANDO.

VICTIMISMO y MANIPULACIÓN para volver a generar culpa.

Así que, luchando contra tu orgullo, quedas con tu pareja con la intención de escucharle pedirte perdón. No piensas volver. No te merece.

Cuando quedáis, la conversación fluye y dejas claras, punto por punto, todas las cosas que el otro ha hecho mal. Evoluciona haciendo autocrítica y finalmente os reconciliáis.

Cuando llegas a casa, inexplicablemente, todas esas creencias mágicas que veíamos en la luna de miel vuelven a aparecer. «[…] consideras que la persona que tienes a tu lado es el amor de tu vida. Sientes que tu vínculo es especial, mágico y superior a cualquier otra relación que hayas tenido antes […]».

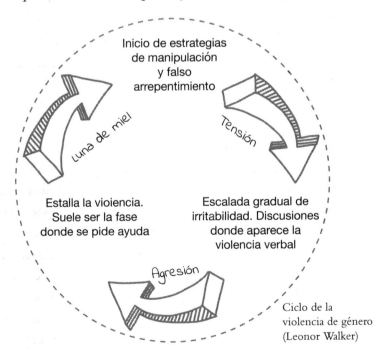

Inicio de estrategias de manipulación y falso arrepentimiento

Luna de miel

Tensión

Estalla la vioiencia. Suele ser la fase donde se pide ayuda

Escalada gradual de irritabilidad. Discusiones donde aparece la violencia verbal

Agresión

Ciclo de la violencia de género (Leonor Walker)

Todas estas fases se van repitiendo una y otra vez. Con el tiempo, la fase de tensión se acorta, la luna de miel es casi inexistente y la fase de agresión se hace permanente, hasta llegar, si no se rompe el vínculo antes, a la agresión física.

La estabilidad emocional depende de la pareja

Diego me decía que, cuando su pareja se enfadaba con él, se hundía muchísimo. No podía trabajar ni estudiar. Se desvivía y hacía lo que fuera para que Olaya volviera a estar bien con él y, cuando así era, él se calmaba. Si ella estaba bien con él, todo iba bien. Si ella estaba mal con él, todo iba mal. Hubo una vez que Diego desatendió su puesto de trabajo porque tuvo que llamar a Olaya desesperadamente porque decía que estaba enfadadísima con él. Olaya no tenía ninguna emergencia, simplemente estaba enfadada. Su enfado podría haber esperado a que Diego terminara de trabajar, pero no fue así.

Hay personas que me preguntan si es malo sentirse mal cuando la pareja está mal. No es malo, es normal teniendo en cuenta que en el cerebro tenemos una serie de neuronas llamadas *neuronas espejo*, que son las encargadas de hacer que sintamos empatía por los demás. Pero una cosa es empatizar con mi pareja o estar disgustado porque acabamos de discutir (lo raro sería estar superfeliz de la vida tras una situación así) y otra muy diferente es que mi vida entera dependa de lo que siente mi pareja. Diego, como acabas de ver, paraba su mundo cada vez que Olaya cogía un berrinche. Era incapaz de hacer nada más que atenderla a ella. No podía concentrarse ni focalizar la atención en otra cosa.

Necesidad de afecto, refuerzo y atención constante

En una relación sana, Olaya ni siquiera le habría dicho a Diego que estaba enfadada por mensaje mientras él trabajaba, habría esperado a que él llegara a casa y tuviera tiempo para atender sus necesidades emocionales. Si Diego no contestaba porque estaba ocupado, y así se lo hacía saber a Olaya, ella se enfadaba aún más. Estar con ella le obligaba a estar pendiente del teléfono y de ella todo el rato. Ella necesitaba atención constante y no entendía los límites que le estaba poniendo su pareja; ni siquiera eran suficientes los intentos de Diego por mostrar que, pasara lo que pasara, él iba a estar ahí. A veces, a modo de **conducta de protesta,** cuando él no cumplía con sus expectativas, ella apagaba el móvil para que él se preocupara más. Esto para Diego era un castigo que le rompía por dentro y le hacía creer que verdaderamente lo había hecho fatal con ella, así que luego volvía a la carga dándole el doble de atención a Olaya, y reforzando así sin querer el comportamiento de esta. Esta era una forma muy pasivo-agresiva que Olaya tenía de manipular a su novio con la que siempre conseguía lo que quería.

Podemos decir que la conducta de Olaya puede venir motivada por un concepto de relación basado en los mitos del amor romántico «el amor es dos en uno» y «estar enamorados significa estar juntos en todo momento y compartirlo todo».

Vamos a detenernos un momento en la conducta protesta. Quiero explicarte con detalle qué es.

La **conducta de protesta** es una llamada de atención que nace desde el dolor, un dolor generado por la separación de la figura de un ser querido y la sensación de abandono que produce. Su existencia se explica perfectamente en términos evolutivos y se puede observar desde que somos bebés y lloramos con desconsuelo cuando nuestras figuras de apego referentes (padre o madre) se separan de nosotros hasta que el contacto se restablece. Pues bien, al parecer seguimos recurriendo a esta herramienta en la edad adulta.

Se entiende que durante la infancia tengamos conductas protesta porque todavía no hemos aprendido a realizar una comunicación eficiente, pero, de adultos, no deberíamos recurrir a ellas, sino que deberíamos saber dejar claras nuestras necesidades emocionales de una manera asertiva. Pero, claro, aquí nos encontramos con el dilema de la falta de educación afectivo-sexual, así que es comprensible no nacer sabiendo, pero también es cierto que está complicado aprender sobre la marcha.

En la consulta veo muchas conductas protesta en todo tipo de relaciones, aunque casi siempre aplicadas de manera desadaptativa. Son, fundamentalmente, como el ojo por ojo, diente por diente. Se lanzan desde el dolor y el orgullo. «¿No me haces caso? Pues ahora verás, ahora voy a pasar de ti y me echarás de menos; entonces sí me buscarás». Y, efectivamente, así es. La persona recibe la atención que necesita gracias a su conducta de protesta, aunque de una manera muy poco funcional (casi podríamos decir que es una forma muy sutil de manipulación). Como les pasaba a Diego y Olaya.

Conozco un par de ejemplos más de conducta protesta dentro de esta relación. Veámoslos en forma de conversación por WhatsApp.

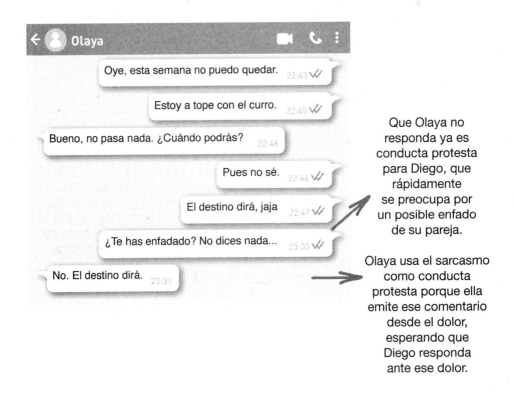

Que Olaya no responda ya es conducta protesta para Diego, que rápidamente se preocupa por un posible enfado de su pareja.

Olaya usa el sarcasmo como conducta protesta porque ella emite ese comentario desde el dolor, esperando que Diego responda ante ese dolor.

Es una conducta protesta porque Olaya no fue sincera sobre lo que sintió ante esa respuesta de Diego, que, aunque fuera una broma, podría haber sido un poco más claro para no dejar que ella se sintiera abandonada en ese momento.

Si se hubiera dado cualquiera de estas otras dos situaciones, quizás el drama no habría tenido oportunidad de aparecer.

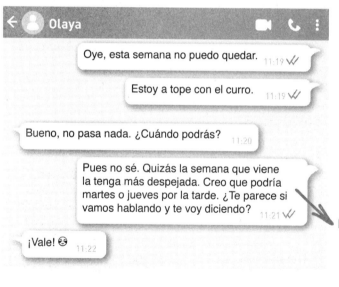

Oye, esta semana no puedo quedar. 11:19

Estoy a tope con el curro. 11:19

Bueno, no pasa nada. ¿Cuándo podrás? 11:20

Pues no sé. Quizás la semana que viene la tenga más despejada. Creo que podría martes o jueves por la tarde. ¿Te parece si vamos hablando y te voy diciendo? 11:21

¡Vale! 😊 11:22

Diego conoce a Olaya y sabe que a ella la incertudumbre sobre la relación y el futuro le produce dolor, por eso intenta dejar el futuro lo más claro posible siempre que está en su mano.

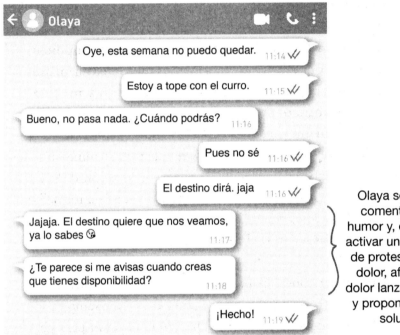

Olaya se toma el comentario con humor y, en lugar de activar una conducta de protesta ante su dolor, afronta ese dolor lanzándose ella y proponiendo una solución.

Hay conductas de protesta que son adaptativas. Imagina que llamas a tu pareja y no coge el teléfono. La vuelves a llamar y sigue sin cogerlo. Te preocupas por ella porque habíais quedado en hablar un rato por la tarde. Lo normal es que te preocupes y pienses que le ha pasado algo. Tu conducta de protesta se manifestará llamándole hasta veinte veces, si hace falta. Esto es completamente lógico.

Ahora imagina que pasa esto y tu pareja te llama esa misma noche, borracha, diciendo que no se había acordado de que teníais pendiente una llamada y que se fue con sus amigos/as de fiesta. A pesar de que tu conducta de protesta se activara de manera funcional, entre la enorme disonancia que suponen esos mensajes contradictorios de la pareja («Prometo llamarte porque te quiero, pero luego no me acuerdo de ti y me piro de fiesta», «Te abandono») y el ambiente de ambivalencia que eso crea, las siguientes veces es probable que se active al menor indicio de «desaparición» de la otra persona y se termine convirtiendo en algo disfuncional. Esto en una relación dependiente es muy común que ocurra y, además, tiende a retroalimentarse. Incluso a veces es usado por la otra parte para invalidar con frases como «Eres un exagerado».

Una variante de conducta protesta es la conducta protesta inducida al otro (la manipulación de toda la vida). Ejemplo: lo típico de pasar de alguien al principio de la relación para generar más interés (conducta protesta) en la otra persona. Yo una vez conocí a un tío que me confesó que no me escribió hasta el tercer día de haberme conocido porque así conseguía que yo tuviera más ganas de recibir su mensaje. *Logic not found*, pero la verdad es que así fue. Me rayé mogollón pensando por qué no me escribía, e incluso llegué a pensar que a lo mejor no le gustaba. Es increíble cómo me sentí abandonada, aun sin haber llegado a quedar con él. Huelga decir que esa relación empezaba con muy mal pie: yo sintiéndome por debajo de él y él sintiéndose por encima y controlando la situación, como si yo fuera su marioneta, incluso antes de ser pareja. A este tío lo llamaremos Mario. Más adelante te hablaré con detalle de él y, sí, vas a flipar si aún no lo has hecho.

Algún jeta hubo también por mi vida que me llegó a decir que no me hacía más caso (aunque yo se lo demandara directamente) porque, si no, me lo creía demasiado. Esto es un LOL como una catedral. Menos mal que este ya me pilló crecidita y le di puerta enseguida.

Aquí tienes más ejemplos de conducta protesta ejecutada de manera disfuncional:

Intentar un contacto desesperado:

Intentar de manera intensiva y desmesurada establecer contacto por todos los medios posibles, sin motivo urgente aparente. Llamar, mandar mensajes, tratar de contactar por redes sociales de manera directa o indirecta, dando *likes*, dejando comentarios o visualizando contenido en el que pueda reconocerte; pasearte por su lugar de trabajo, casa o zona donde suele juntarse con sus amigos/as, para ver si «casualmente» coincides con la otra persona. Como verás, entre la conducta protesta emitida de una manera disfuncional y el acoso hay una fina línea.

Llevar las cuentas:

Es decir, esperar siempre a que la otra persona mueva ficha primero para hacer lo mismo.

Por ejemplo, fijarse en cuánto duran sus llamadas o cuánto tarda en responder a los mensajes para devolver la jugada, o pensar:

«Si hoy voy a recogerte al aeropuerto porque lo necesitas, yo espero que mañana tú me lleves al trabajo, aunque no lo necesite, porque, si no, la relación no estará equilibrada».

Llevar las cuentas es controlar lo que se da y se recibe de manera exacta.

Provocar celos de manera intencionada:

Provocar celos de manera intencionada para que se preocupe por la relación y te preste el caso que necesitas.

1. Decirle que una expareja te ha escrito diciéndote que sigue enamorada de ti.

   Traducción: «Soy tan irresistible que mis ex no me olvidan. Mira todo lo que valgo, tendrías que valorarme más».

2. Pedirle que te acompañe a tomar unas cañas con tu ex.

   Traducción: «Te lo digo desde el buen rollo porque, mira, te digo que te vengas, pero mi intención no es que vengas porque sé que no lo harás; en realidad, lo que quiero es hacerte ver que puedes perderme, para ver si espabilas».

Este ejemplo me recuerda a la peli de *The Break-Up* de Jennifer Aniston y Vince Vaughn. En esta peli ambos protagonistas se separan, pero siguen viviendo en la misma casa, y ella queda con otros chicos delante de su ex para causarle celos. Conducta protesta al canto disfrazada de romanticismo para reconquistar a la pareja haciéndole daño. Qué ironía. Esto bien podría ser manipulación.

Esto nos llevaría a otro ejemplo muy común en las relaciones de pareja que terminan:

3. Mostrarse exageradamente bien tras la ruptura, en especial en redes sociales, para que tu expareja vea que estás fenomenal sin ella (cuando en realidad no lo estás).

Traducción: Como en el ejemplo anterior, esta conducta protesta es un «Ey, mira, estoy genial sin ti. ¿Lo ves? Me muestro así de bien para que veas lo que ya no tienes, hacerte daño y ver si así me echas de menos y volvemos a retomar el contacto».

Mentir a modo de venganza:

Mentir a modo de venganza diciendo que estás ocupado/a y que ya tienes planes, por lo que, justo cuando te propone quedar, tú no puedes.

Traducción: «¿Ves? Pasar de mí tiene sus consecuencias».

Ley del hielo:

Permanecer en silencio, dar la espalda e ignorar a la otra persona. Es decir, tener comportamientos propios de la ley del hielo. Retomaremos esto de la ley del hielo más adelante.

Amenazar sutilmente mostrando enfado o la intención de dejar a la otra persona para ver si reacciona y va detrás de ti:

Por ejemplo, decir que no estás enfadado/a y colgar el teléfono con la esperanza de que te llame y te diga que te quiere.

Estas conductas normalmente se refuerzan con frases como «Quien te quiere te busca», que en sí mismas son ciertas, pero que en un contexto equivocado pueden dar lugar a comportamientos y creencias disfuncionales sobre el amor y las relaciones de pareja.

En resumen, la conducta de protesta puede ser adaptativa o desadaptativa según las circunstancias, pero casi siempre en una relación dependiente se manifiesta de manera desadaptativa.

Lucha de poderes en los conflictos

Hemos aprendido que discutir equivale a llevar la razón los unos sobre los otros, y no. Discutir no es eso. Discutir es observar el problema, expresar emociones, empatizar, pedir disculpas si es necesario, buscar soluciones, negociar y resolver la situación, dejando a un lado quién tiene la razón sobre qué y quién no la tiene, porque eso aleja a las personas. Discutir es una gran oportunidad para conocer a tu pareja y que tu pareja te conozca a ti. Discutir es tener la ocasión para que se produzca un acercamiento emocional entre las personas que conforman la relación. **Discutir no trata de buscar culpables, sino de encontrar soluciones y aprender.**

Y si tú no opinas esto, es que no has aprendido bien el significado de discutir.

Cuando hay un problema en la relación, hay dos maneras de afrontarlo. **Una es considerar que el problema es el otro y la otra considerar que las personas que conforman la relación son un equipo que se enfrenta al problema.** La primera nos llevará a ver a la pareja como un enemigo, y por ende a desarrollar una lucha de poderes; un «a ver quién puede más» o «a ver quién tiene más razón», en la que no se contempla ni la empatía ni la autocrítica.

Olaya, en lugar de encontrar en Diego un refugio y alguien en quien confiar, pagaba su daño emocional con quien consideraba que era la fuente de su malestar.

Una vez Diego se cabreó con ella porque llegó tarde a una cita y Olaya se indignó. Sintió la crítica como un ataque personal y, como se sentía muy ofendida, le insinuó a Diego que, si no quería estar con ella, que se lo dijera.

—Ay, chico, perdona —le dijo—. Había tráfico, como si tú nunca hubieras llegado tarde. Pero, vamos, que si tan enfadado estás…, si quieres me voy.

—No, no es eso —respondió Diego—. Es solo que creo que podrías haberme avisado.

—No he podido porque iba conduciendo.

—Ya, pero no sé…

En este momento habría estado genial que Olaya dijera «Bueno, discúlpame, tienes razón. No pude avisarte porque iba conduciendo, pero te pido perdón porque es verdad que habrás estado aquí, solo, esperando un buen rato. No era mi intención. ¿Me dejas invitarte a una copa, por las molestias?». Y habría quedado como una reina, por encima del problema y aliándose con Diego. Pero no, eso no fue lo que sucedió.

—No, si ahora la culpa de que tú hayas estado esperando será mía —espetó ella.

—Yo no he dicho eso.

—No, pero lo has insinuado. Como otras tantas veces. Siempre haces lo mismo. Al final la mala siempre soy yo. Pues mira, ¿sabes qué te digo? Que, si no te gusto, te vas con otra.

Y así, una vez más, Diego y Olaya volvieron a tener «el drama».

Tras el bajón en la relación, Olaya y Diego, como ya sabes, volvían a hablar para reconciliarse. La historia de nunca acabar.

Idealización de la pareja

«Nunca encontraré a nadie como él/ella», «Es perfecto/a. Lo tiene todo», «Si le dejo, nunca seré feliz». Son algunas frases que reflejan la idealización que algunas personas hacen de sus parejas.

Lo malo de idealizar a una persona es que:

- Es más fácil que tus pensamientos, tus emociones, tu conducta y tu vida gire en torno a esa persona.
- Te resulta muy complicado poner límites.
- Cuando las cosas van mal, te resistes más a apartarte de esa persona.
- Te cuesta mucho más superar una ruptura.
- Cuando te das cuenta de que las cosas no son como pensabas, la hostia que te pegas es grande.

Ay, yo he llegado a idealizar tanto que incluso necesitaba encontrar parecidos con mis ex, después de dejarlos, en el resto de hombres que iba conociendo tras la ruptura.

Necesidad de saber qué hace la pareja constantemente

Hace unos años conocí la historia de Julia, una mujer de 29 años que mantenía una relación con Nacho, de 31. Yo a él no llegué a conocerlo, pero Julia me contó que, tras una infidelidad de él a ella, ambos se acostumbraron a compartir sus ubicaciones cada vez que salían de casa. Es curioso como Julia defendía en sesión que ese gesto implicaba transparencia en Nacho y que eso generaba confianza en ella.

—Julia, la confianza en pareja no se consigue así —le expliqué en la primera sesión—. La confianza en la pareja es prácticamente un acto de fe. Confías en que la otra persona te quiere y va a estar ahí. Tener fe es no necesitar demostraciones de este tipo. Por eso cuesta tanto recuperar la confianza tras una infidelidad. Si el proceso fuera tan fácil como que la otra persona sea transparente, no haría falta una terapia en ningún caso, ¿no crees?

—Pues sí, pero, entonces, ¿cómo puedo volver a confiar en Nacho después de lo que me ha hecho?

—Primero tienes que superar lo ocurrido, y para eso necesitas hacer un duelo. Luego tenéis que volver a generar en la pareja el clima de estabilidad emocional que teníais antes, mientras, al mismo tiempo, vamos trabajando en ti esos pensamientos recurrentes que te traen de cabeza. Cualquier cosa que no sea eso generará suspicacia en ti y, créeme, eso a largo plazo puede convertir vuestro vínculo en algo tóxico. Para ello trabajaremos en pareja la comunicación, las conductas afectivas y el tiempo juntos, entre otras cosas.

—No parece fácil.

—No lo es. No te voy a mentir.

Tras esa conversación fuimos descubriendo más cosas. Julia no solo usaba la ubicación para generar esa «confianza», sino que de vez en cuando revisaba el teléfono de Nacho y *stalkeaba* sus redes para sentir cierto control sobre la relación. Julia manejaba sus emociones controlando el entorno, pero por ahí no estaba la solución.

Desgaste emocional y sensación de estar sufriendo

Cuando estás dentro de una relación dependiente, es como si estuvieras yendo contra viento y marea. Todo es ansiedad, incertidumbre y sufrimiento, todo el rato. Sientes que no puedes más, pero aun así sigues tirando del carro, como decía Clara.

Las relaciones tóxicas te exigen estar siempre pendiente de todo, en alerta, por lo que pueda pasar, lo que equivale a una activación crónica del sistema simpático (es la parte del sistema nervioso que se encarga de activarse cuando el cerebro interpreta una situación de peligro de la que tiene que defenderse).

Para más inri, los familiares y amigos cercanos que conocen la relación intuyen que algo no va bien, lo que es aprovechado por la pareja para interpretar que «todo el mundo está en contra de nuestra relación», que «tienen envidia de lo que tenemos» o que «hay que seguir luchando porque nos queremos y nada ni nadie nos va a impedir estar juntos», y reforzar así sus creencias mágicas para seguir en su mundo de *Crepúsculo* y *Cincuenta sombras de Grey*.

El sexo como «obligación» para intimar

Esto me pone negra, para qué nos vamos a engañar. Porque no, en el mejor de los casos, créeme que no te estoy hablando de una violación. Sino usar el sexo como moneda de cambio.

Hay personas, sobre todo mujeres, que tienen la sensación de «tener que cumplir». No sé si me explico. Entienden que, si su pareja no queda satisfecha, irá a satisfacer sus necesidades sexuales con otra persona (como si el sexo se tratara de una necesidad fisiológica como el comer o el dormir). De alguna manera se sienten sometidas y quizás no directamente por su pareja, sino por la creencia arraigada en nuestra sociedad de la importancia de la satisfacción sexual masculina para la duración del matrimonio. En matrimonio o no, aún en pleno siglo XXI hay mujeres (y algunos hombres) que sienten esta presión.

Luego hay otra perspectiva que también me gusta mucho (nótese la ironía). Se trata de «deberle» sexo a alguien. Sí, has leído bien. ¿Nunca te ha pasado que has salido a cenar y a tomar unas copas con alguien y te has sentido como con el compromiso de deberle algo? Y más si esa persona te ha invitado a cenar o a las copas (o a ambas cosas).

A mí alguna vez me lo han ratificado con frases como: «¿Me vas a dejar así?».

«Lo haces si quieres y, si no quieres, no lo haces», me dijo una vez alguien a quien le conté esta sensación. Y claro que sí, faltaría más, pero yo no hablo de eso. Me refiero a una conducta que, de alguna manera, va implícita en eso de quedar con alguien que te gusta (otra especie de norma no escrita).

Ya te introduje el tema en mi libro *Ama tu sexo* mostrándote algunas frases de chantaje y manipulación para tener relaciones sexuales. Igualmente te dejo por aquí alguna de esas perlas, para que sepas de lo que te hablo:

«Si lo hacemos, nuestra relación será más fuerte».

Apunte: mantener relaciones sexuales no hace una relación más fuerte, al igual que no mantenerlas no la debilita. Las relaciones sexuales son una forma más de expresión afectiva, pero no la única.

«Tanto no me querrás cuando hace tiempo que no lo hacemos».

Apunte: la frecuencia en las relaciones sexuales tampoco tiene ninguna correlación con el amor.

Y eso cuando la manipulación no va asociada al uso del preservativo, que, si no, apaga y vámonos:

«Si realmente me quisieras, lo haríamos sin condón».

Apunte: decir esto es mezclar churras con merinas.

«Si confiaras en mí, creerías que no tengo nada y podríamos hacerlo sin condón».

Apunte: por mucho que confíes en una persona, la confianza no es un análisis de infecciones de transmisión sexual ni un método de barrera.

Para poder hacerlo sin condón, tienes que tener en cuenta algo más a parte de un embarazo no deseado: las infecciones de transmisión sexual. Para practicar sexo sin preservativo con alguien, es necesario que la relación sea cerrada y que mínimo lleves un año con esa persona (esto es así por el periodo ventana que tienen algunas infecciones, como el VIH). Tras este año, es recomendable hacerse ambos unos análisis de sangre para revisar las infecciones de transmisión sexual. Si todo está bien, entonces ya se pueden mantener relaciones sin preservativo.

Aprovecho para hablarte del *stealthing*, que hace referencia a quitarse el preservativo en mitad del encuentro sexual. Esta práctica se considera una agresión sexual si previamente se ha consentido la relación y se ha acordado el uso del preservativo en la misma.

Así que recuerda: consentimiento, consenso y libertad para mantener relaciones sexuales. Bajo coacción, chantaje o manipulación, es abuso sexual.

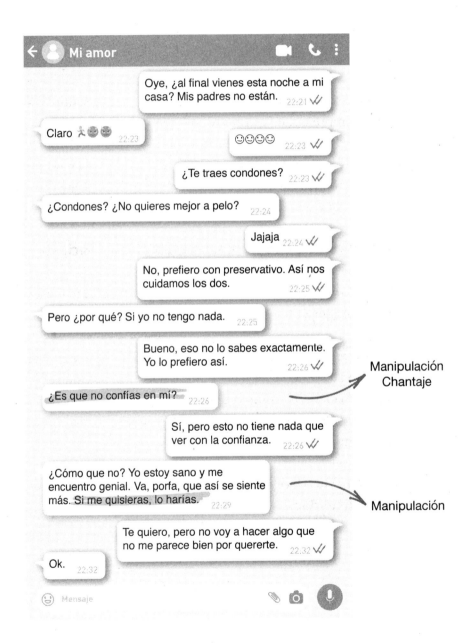

Mi amor

> Oye, ¿al final vienes esta noche a mi casa? Mis padres no están. 22:21

Claro 🙇😈😈 22:23

> 😊😈😊😊 22:23

> ¿Te traes condones? 22:23

¿Condones? ¿No quieres mejor a pelo? 22:24

> Jajaja 22:24

> No, prefiero con preservativo. Así nos cuidamos los dos. 22:25

Pero ¿por qué? Si yo no tengo nada. 22:25

> Bueno, eso no lo sabes exactamente. Yo lo prefiero así. 22:26

¿Es que no confías en mí? 22:26

Manipulación
Chantaje

> Sí, pero esto no tiene nada que ver con la confianza. 22:26

¿Cómo que no? Yo estoy sano y me encuentro genial. Va, porfa, que así se siente más. Si me quisieras, lo harías. 22:29

Manipulación

> Te quiero, pero no voy a hacer algo que no me parece bien por quererte. 22:32

Ok. 22:32

Mensaje

86

Baja autoestima

Anulado. Así te quedas. Tras tanta manipulación y sentir con ello que siempre tienes la culpa, que nunca haces las cosas bien, que siempre hay alguien mejor que tú o que nunca es o eres suficiente. Tras tantos altibajos y la sensación de que la relación o la otra persona es más importante incluso que tú, ¿Qué concepto crees que acabas teniendo de ti mismo/a?

Pánico a la ruptura y miedo a la soledad

Con la autoestima por los suelos, no es de extrañar que tengas miedo a romper con tu pareja.

Una vez que tu cerebro procesa que eres «poca cosa» y que tu felicidad depende de estar o no con esa persona, entiende que, de alguna manera, «el mundo es un lugar demasiado peligroso» para ti y que necesitas a tu pareja para poder enfrentarte a él, por lo que tu vida no tiene sentido si no es a su lado.

Pero si tu felicidad depende de esa persona, entonces no es tu felicidad.

05

Responsabilidad afectiva

Antes de adentrarnos un poco más en las profundidades de las relaciones de pareja dependientes, quiero hablarte de un concepto tan importante como poco entendido: la responsabilidad afectiva.

Cuando hablamos de **responsabilidad afectiva**, estamos hablando de tener consciencia de que lo que decimos y hacemos (o lo que no decimos y no hacemos) tiene un impacto en los demás. En una relación de pareja, tener responsabilidad afectiva correspondería a respetar las necesidades y emociones propias respetando también las de la otra persona. Y esto es así desde el momento en el que hay un vínculo. Lo que quiere decir que el concepto hay que practicarlo en una relación de pareja (incluso de amistad o familiar) desde el principio de la relación, porque, aunque oficialmente no seáis «nada» (es decir, que no seáis novios), **si hay una mínima intención de generar cierta intimidad al nivel que sea, hay responsabilidad afectiva**.

Lo que sí es responsabilidad afectiva:

- Hablar sobre los propios sentimientos, respetando los de la otra persona.
- Practicar la asertividad y la empatía.
- Dejar claras las intenciones y expectativas sobre la relación de pareja.
- Trabajar una buena comunicación.
- Hablar de lo que molesta.
- Negociar límites en la relación y respetarlos.
- Llegar a acuerdos y modificarlos conforme la relación vaya evolucionando.
- Cuidarse mutuamente.
- Entender que nuestras acciones tienen consecuencias en la otra persona.
- Validar las emociones de la otra persona.
- Generar consentimiento y consenso en las relaciones sexuales.

Lo que no es responsabilidad afectiva:

- Hacerse cargo de las emociones de la otra persona.

Principio de equidad. Aunque no pasa nada si a veces nos preocupamos más por la pareja porque, por ejemplo, está teniendo problemas emocionales o no se encuentra bien anímicamente en determinados momentos de la vida, que la balanza se incline más para un lado de manera habitual no es sano porque tendríamos que vivir por y para la otra persona.

- Ocultar información importante sobre nuestros sentimientos a la otra persona.
- Invalidar las emociones de la pareja. (Más adelante hablaremos de esto en profundidad).
- No respetar los límites negociados o no entender que las personas puedan cambiar de opinión con el tiempo y la evolución de la relación.
- Llevar a cabo comportamientos que puedan ilusionar a la otra persona cuando no se tiene el interés de implicarse en la relación.
- Culpar a la pareja de lo que se siente.
- Pretender que, sin comunicación, se adivinen emociones sentimientos o pensamientos.
- Hacer *ghosting*. Ejemplo: «Había quedado con él el finde, pero, como no somos nada, paso, no le aviso».

La sinceridad y el sincericidio

Decía antes que la responsabilidad afectiva también era ser sinceros con la pareja en lo que respecta a los sentimientos de uno mismo. Con este tema quiero hacer un breve inciso porque, igual que considero que en una relación de pareja hay que ser sinceros, también creo que no todo vale. Por eso yo distingo entre dos conceptos: la sinceridad y el sincericidio.

Una persona sincera...

- Filtra información a la hora de comunicar.
- Sabe que a veces no es necesario decir lo que piensa.
- Comunica de manera asertiva.
- Actúa de forma ética.
- Mantiene una conducta reflexiva.
- Entiende que hay otros puntos de vista diferentes al suyo.
- Expresa su opinión en el momento adecuado.
- Actúa con prudencia.
- Usa palabras no hirientes.

Una persona sincericida...

- Mantiene una conducta motivada por impulsos.
- Tiene una manera de comunicar agresiva.
- Confunde la opinión con la verdad.
- Cree que su opinión es la verdad absoluta.
- Puede hacer daño a los demás.
- Considera que su actitud es muy honesta porque dice las cosas a la cara.
- Dice las cosas sin filtros.
- No mide el impacto de las palabras.
- Siempre dice lo que piensa.

Desde luego, ser sincero es ser consecuente con la responsabilidad afectiva; sin embargo, ser sincericida, no.

Para ver esto de manera más clara, voy a ponerte un ejemplo de lo que sería ser sincero y ser sincericida en una relación.

Se es sincero cuando:

- Estás en pareja, pero sientes algo por otra persona y se lo dices a tu pareja.
- Quieres dejar la relación y te sientas a hablar con tu pareja al respecto.
- Estás enfadado con tu pareja y se lo comentas desde la calma y el respeto.
- Un amor del pasado te habla por redes sociales después de mucho tiempo y te apetece mucho quedar con esa persona y, aunque ya no sientas nada por ella, se lo comentas igualmente a tu pareja, por si se pudiera molestar.

Se es sincericida cuando:

- Estás hablando de tu pasado a tu pareja y le comentas todos los detalles sexuales de las cosas que hacías en la intimidad con otras personas, bajo el pretexto de que te conozca mejor, sexualmente hablando.

   ¿Por qué esto es sincericida?: Porque no hay ninguna necesidad de hacerlo. Hablar de los detalles sexuales no es necesario para que tu pareja te conozca. Puedes hablar de tus gustos sexuales sin necesidad de decir con quién hacías qué y cuándo o por qué.

- Quieres dejar la relación, así que mandas un WhatsApp a tu pareja y se lo dices claramente para quitarte ese peso de encima.

¿**Por qué esto es sincericida?**: Porque los temas importantes y que afectan a otras personas no se hablan por WhatsApp, dado que queda muy impersonal y la sensación es de despreocupación total por el tema tratado y por la persona con la que lo tratas. Además, puede dar lugar a malinterpretaciones. Dejar una relación, aunque cuesta, no es como bajar a comprar el pan. No es un quehacer diario dentro de una lista de tareas pendientes en la que ir haciendo *checks*. Hay que dedicarle un tiempo y espacio para ser justos con nosotros mismos y con la otra persona.

- Estás enfadado con tu pareja y le dices, sin ningún tipo de filtro tu verdad porque tú eres sincero y si le gusta bien y, si no, también. Es lo que hay.

  ¿**Por qué esto es sincericida?**: Porque tú no eres Belén Esteban. No se trata solo de soltar tu verdad sentando cátedra y que todos te aplaudan. Tu verdad no es absoluta.

- Un amor del pasado te habla por redes sociales después de mucho tiempo y, aunque para ti esto es como quien oye llover, se lo dices a tu pareja.

  ¿**Por qué esto es sincericida?**: Porque si esto no es trascendental ni para la relación ni para ti, es una información que no tiene ninguna funcionalidad en la relación y, si lo comunicas, podrás crear más costes que beneficios (por ejemplo, que tu pareja se raye sin necesidad alguna).

- Le cuentas a tu pareja tus fantasías sexuales con otras personas que conoces.

  ¿Por qué esto es sincericidio?: Porque tu pareja no necesita conocer tus fantasías sexuales, y menos si en esas fantasías aparecen personas que conoces. Eso podría ocasionarle inseguridades, si no entiende bien el concepto. Hay parejas que comparten fantasías sexuales, pero desde luego que, para llegar a ese punto, no es necesario que te dé un arrebato de sinceridad (o sincericidio, mejor dicho).

06

Cómo identificar los abusos emocionales

El abuso emocional es maltrato psicológico y puede empezar de la manera más sutil que puedas imaginar. Además, lo tenemos tan normalizado que la mayoría de veces no solamente no nos enteramos de que está sucediendo, sino que, si lo señalamos, recibimos como contraposición una explicación de familiares o amigos de por qué aquello que señalamos es, en realidad, amor.

Esta romantización del abuso emocional allana el camino y facilita que vaya a más, y puede llegar, así, al maltrato físico. Aunque sin necesariamente llegar a este fatídico punto, se sabe que las consecuencias del abuso emocional pueden ser terribles por las heridas psicológicas que deja en la persona que lo recibe.

A continuación, voy a explicarte uno a uno los comportamientos que se consideran un abuso emocional en la relación de pareja. Lo que pretendo con esto es que aprendas a identificarlos en tu día a día. Este conocimiento te puede dar el poder de entender qué está pasando y, de esta forma, podrás reaccionar y hacer lo que consideres necesario.

La ley del hielo

Se llama ley del hielo a aquellos comportamientos que tienen por objetivo ignorar a la pareja.

Es la forma de abuso emocional más agresivo-pasiva que existe.

Sucede cuando uno de los miembros de la pareja interpreta que el otro ha hecho algo «mal», se enfada y, en vez de hablarlo, ignora a la pareja, actúa con frialdad, distanciamiento emocional y falta de empatía. Es como si se «castigara» a la pareja con el silencio.

Ejemplos de ley del hielo:

- Dejar de responder mensajes.
- No tener en cuenta lo que dice la pareja.
- Pasar por alto las peticiones o necesidades expresas.
- Fingir que no se escucha.
- No responder a las preguntas o hacerlo con monosílabos.
- Hacer como que la otra persona es invisible.
- Evitar el contacto físico y visual.
- Mostrar desinterés por lo que la otra persona hace o dice.
- No acudir a eventos sociales o deshacer planes.
- No mostrar afecto e ignorar conscientemente la expresión emocional de dolor o sufrimiento de la otra persona.

 Mi amor

Hola... He estado dándole vueltas a todo otra vez. Sigo rayada. Lo siento, pero creo que no me demuestras que me quieres. Solo me lo dices con palabras, e intento creerte, de verdad que sí, pero parece que las palabras se las lleva el viento. Me gustaría ver hechos. 19:48

Creo que, si me quieres tanto como dices, no tendrías problema alguno en hacerlo. Hasta ahora, por más que te lo he pedido, no he visto cambios en ti ni en la relación y ya me estoy cansando. 19:49

¿Realmente crees que merece la pena? 19:49

Solo veo que pasas y te centras en otras cosas. El otro día pasaste de mí para irte de fiesta con tus amigas. 19:50

¿No habíamos quedado en que íbamos a pasar más tiempo juntas? 19:51

Últimamente te escribo y te veo en línea todo el rato, pero no me respondes y lo haces a los días. ¿Por qué? Entiendo que estés ocupada, pero, jolín, no sé, soy tu pareja. Si te pregunto si quieres quedar hoy y no me respondes, me tienes esperando... 19:53

Pfff... No sé. Me gustaría que te involucraras más en todo esto. 19:54

No te he respondido porque esta semana he tenido mucho curro. 19:55

 Mensaje

Esto es una extinción (ley del hielo)
El problema no es que la pareja haya estado ocupada, es que en esta conversación, de todo lo que ha dicho la otra persona, solo ha respondido a lo que ha querido.

A este comportamiento típico de la ley del hielo le llamamos *extinción*. Se trata de ignorar los mensajes o conductas que no producen interés.

En el ejemplo expuesto vemos cómo la persona pasa olímpicamente de todo el mensaje y contesta solo a la queja de no haber respondido a los mensajes de WhatsApp. Esto puede hacer que la otra persona pierda los papeles, que se sienta incomprendida y/o se frustre. La persona que responde de esa manera, ignorando todo lo demás, lo que busca es justificar su desaparición con un argumento difícil de desmontar para la otra persona y fácilmente defendible por quien la emite. «¿Cómo que no entiendes que he estado ocupada? Tengo derecho a tener otra vida. No me agobies». Pero, claro, ese, como habrás visto, no es el foco del problema. Sin embargo, la receptora del mensaje bien podría pensar algo como: «Ostras, es verdad, tiene derecho a tener vida. A lo mejor soy una pesada. Aunque sigo sintiéndome mal por todo lo demás». Y, pum, ya tenemos la manipulación hecha («el lío», como dice una de mis pacientes). Esta historia podría continuar con la emisora del mensaje enfadada e incomprendida, repitiendo de manera agresiva todo lo que no ha sido respondido, y la persona receptora del mensaje invalidando el enfado con frases como «No es para tanto» o tachándola de exagerada o loca por las formas en las que comunica. Más adelante pondremos nombre y veremos con detalle esta forma de manipular.

La persona que realiza la extinción puede hacerlo bien porque considera que el mensaje que está ignorando no tiene ninguna importancia, o bien porque no tiene recursos o argumentos para responder y prefiere evitar el malestar no respondiendo al mensaje que la otra persona espera. El objetivo final que persigue es que el comportamiento que le resulta molesto de la otra persona tienda a desaparecer.

Las **consecuencias** son terribles:

En la relación:

- Se genera una baja capacidad para resolver conflictos.
- Se van enquistando los problemas que no se hablan.
- La comunicación que se practica es muy pobre.
- Esta situación puede ayudar a desarrollar un vínculo de dependencia emocional, dado que la ley del hielo puede considerarse un castigo (recordemos lo de una de cal y otra de arena o lo del refuerzo intermitente).

En la víctima:

- Incertidumbre, estrés, ansiedad, tristeza.
- Baja autoestima e inseguridad. Probablemente se pregunte qué ha pasado o qué ha podido hacer mal esta vez.
- Sensación de que algo no va bien. Como la otra persona no habla ni dice nada, no hay manera de confrontar la situación ni de aclarar lo que está pasando.
- Preocupación constante (con lo que, ya sabes, aumenta la probabilidad de codependencia).
- Deja de hacer su vida o evita comportamientos que antes hacía por miedo a que la otra persona se enfade.

Aquí yo tengo mucho que aportar a nivel personal.

La relación en la que más ley del hielo me han hecho fue la que mantuve con Arturo. Aprendí qué decir y qué no en base a lo que a él le sentaba mal. Ni siendo asertiva ni sin ser asertiva. Había cosas que no podía decir, comentar o sacar a colación. Lo aprendí mediante prueba-error. Cada vez que le confrontaba alguna cosa que él hacía, y que me sentaba mal, él desaparecía del mapa. Ignoraba el comentario y se ponía a hablar de otras cosas o directamente me hacía **ghosting** y desaparecía durante días.

El *ghosting* es la práctica de dejar de tener comunicación o contacto con una pareja, amigo/a u otra persona con la que se tenga responsabilidad afectiva sin ninguna advertencia previa. También se le conoce como dejar en «visto» o directamente «pasar de la otra persona». Arturo pasaba de mí. Ya te digo que si pasaba. Hasta tres semanas enteras, llegué a contar una de las veces. Era su castigo hacia mí por haberle sacado un tema incómodo o por haber hecho algo que, desde su parecer, no era correcto.

¿Recuerdas lo que te contaba antes de la responsabilidad afectiva y lo de no hacerse cargo de las emociones de la otra persona? Pues eso era justo lo que hacía yo. Yo no cumplía con el principio de equidad de la responsabilidad afectiva. Yo directamente vivía por y para él. Si a él no le sentaba bien algo, con tal de evitar el castigo de no tenerle, no lo hacía. Cuando veía que él, por el contrario, me reforzaba o veía que reforzaba a alguien por hacer o decir algo concreto, lo repetía para obtener su visto bueno. Y, así, fui modificando mi forma de comportarme.

El *ghosting* es una conducta pasivo-agresiva mediante la cual se demuestra que no se cumple con la responsabilidad afectiva que corresponde en la relación, tenga esta la condición que tenga. Es una falta de respeto en toda regla, pero una falta de respeto asociada a la responsabilidad afectiva para con la otra persona.

¿Por qué una persona puede llegar a desaparecer voluntariamente, sin más? Podríamos hipotetizar diferentes causas como las siguientes:

- Porque **tiene miedo al compromiso** (quizás entiende el compromiso o la relación de una manera muy disfuncional, como que es una atadura o un entorno en que tener que renunciar a su independencia y estar constantemente dando explicaciones) o miedo a que le hagan daño emocional si establece un vínculo de intimidad emocional o proximidad afectiva (recuerda, un miedo del que tú NO podrás salvarle, ni con tu cariño, ni con el poder del amor).
- Porque **no entiende el concepto de responsabilidad afectiva** o no sabe aplicarlo.
- Porque **evita enfrentarse a situaciones que le producen incomodidad.**
- Y mi favorita, porque **no tiene el más mínimo interés en la relación.** Puestos a adivinar...

En realidad, muchísimo mejor que desaparecer como si te hubiera tragado la tierra es decir algo que le deje claro a la otra persona que no se tiene interés por la relación o que no se está por la labor de afrontar algo.

Aquí tienes algunos ejemplos de frases que se podrían decir en lugar de hacer *ghosting*:

- Me ha gustado mucho conocerte, pero tras la cita he estado pensando y creo que buscamos cosas diferentes. Por eso me gustaría centrarme en seguir buscando a alguien con quien de verdad crea que puedo tener algo más.
- Siento que contigo no tengo *feeling*, y me gustaría poder invertir mi tiempo en conocer a alguien con quien sí lo tenga.
- No considero que podamos ser pareja en un futuro, pero me has caído genial y, si quieres, podríamos ser amigos y quedar para tomar algo de vez en cuando, si ambos/as estamos cómodos/as con eso. ¿Cómo lo ves?
- Eres una persona increíble, pero creo que tenemos formas distintas de ver la vida. Preferiría dejar de tener contacto. Ojalá que te vaya muy bien.
- Creo que estoy buscando algo menos serio; por eso he pensado que sería mejor que dejáramos de vernos. De otra manera podríamos hacernos daño sin querer.
- He estado dándole muchas vueltas a lo nuestro, y creo que lo mejor es que cada uno escoja un camino diferente.
- Creo que estoy buscando algo más serio; por eso he pensado que sería mejor que dejáramos de vernos. De otra manera podríamos hacernos daño sin querer.
- Me gustaría decirte algo importante. Me ha gustado mucho quedar contigo estos días, pero he conocido a otra persona y me gustaría centrarme en esa relación.

Con esto, le ahorramos a la otra persona los típicos **efectos del** *ghosting*:

- Estar constantemente haciendo «chequeo» para ver si la otra persona le ha respondido.
- Dar vueltas a «qué ha podido hacer mal» para que la otra persona desaparezca.
- Disminución de la confianza en sí misma.
- Baja autoestima.
- Dependencia emocional.
- Ansiedad.
- Dudar de sí misma y compararse con otras personas.

¿Qué pasa si la persona a la que le comunicamos las anteriores frases no respeta el límite que le estamos pidiendo?

Si decides dejarlo con tu pareja, tu follamigo/a o la persona con quien estabas empezando a generar cierto grado de intimidad y esta no respeta ese límite, por irónico que parezca, solo te queda desaparecer. Bloquear o no mantener el contacto en este caso no se considera *ghosting*. Las relaciones de pareja no se mantienen por coacción o manipulación, han de ser libres. Así que, por su propia naturaleza, dos no permanecen si uno no quiere, por lo que, si no hay relación, no hay responsabilidad afectiva.

Solamente se puede hablar de *ghosting* cuando hay un vínculo de mayor o menor grado de intimidad entre dos personas y una desaparece sin más.

Tras una ruptura, no hay vínculo. Si no hay vínculo, no hay responsabilidad afectiva para con la otra persona, por lo tanto, no hay desaparición; solo ruptura.

¿Qué se puede hacer si te hacen un *ghosting*?

- Si solo ha ocurrido una vez, yo soy partidaria de comentarlo desde la tranquilidad y la comprensión. Nadie nace sabiendo y todos podemos cometer errores. Luego sería genial observar que no vuelva a suceder.
- Si vuelve a suceder, te recomendaría que valoraras si esa relación te compensa. Y con compensar no me refiero a que los ratos buenos sean muy buenos, de eso siempre hay en todas las relaciones, sean como sean. Me refiero a si la balanza de los costes y beneficios se inclina más hacia un lado o hacia otro.

La regla de las 24 horas:

En una discusión, hay personas que necesitan «desaparecer». Y, bien, esto no es un problema, siempre y cuando se cumplan unas condiciones.

Si eres de las personas que se bloquean ante un conflicto en pareja o que les cuesta mucho contener los impulsos, esta regla es para ti. Cuando sientas que te estás agobiando o que vas a perder los nervios si te enfrentas en el momento a una situación complicada, intenta esperar un tiempo prudencial para responder. La única norma es que ese tiempo no supere las 24 horas. Por el momento intenta relajarte.

Si el conflicto es con alguien cercano, avisa de que necesitas un tiempo concreto para poder hablar con tranquilidad, para que la otra persona no se quede esperando, presa de la incertidumbre, ni sienta que «pasas» de ella. Esto último es importante para que la otra persona no sufra las consecuencias de la ley del hielo y no crea que le estás haciendo un *ghosting*.

Manipulación

La manipulación es una forma de control y chantaje emocional cuyo objetivo es hacer que la víctima piense, sienta o actúe, sin darse cuenta, de la manera en que la persona manipuladora quiere.

La persona que manipula busca, principalmente, anular la capacidad de crítica o autocrítica basándose en estrategias de persuasión o sugestión. La persona que manipula puede ser consciente de lo que hace o no. Me gusta remarcar esto porque hay personas que manipulan sin ser conscientes de que están manipulando y hay otras que manipulan siendo muy conscientes de ello. La víctima, por desgracia, en ningún caso es consciente de primeras (a menos que reconozca las fórmulas de manipulación).

La manipulación es muy difícil de identificar, sobre todo porque quien la ejerce lo hace de manera inteligente y muy muy sutil, aludiendo sobre todo a aspectos relacionados con el punto débil de la víctima.

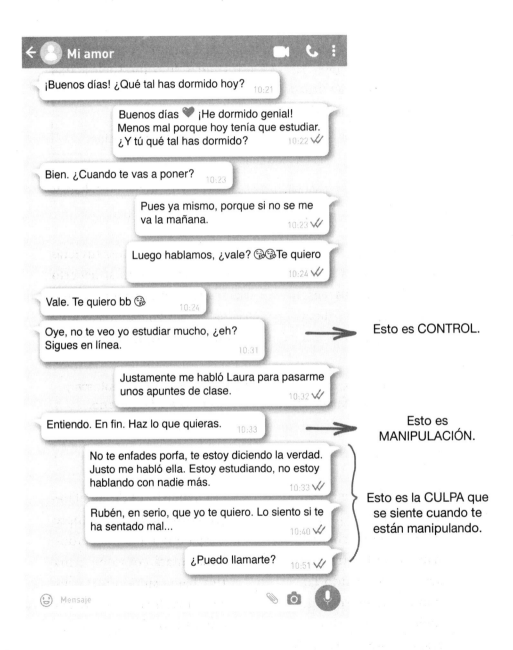

Mi amor

¡Buenos días! ¿Qué tal has dormido hoy? 10:21

Buenos días 💜 ¡He dormido genial!
Menos mal porque hoy tenía que estudiar.
¿Y tú qué tal has dormido? 10:22 ✔✔

Bien. ¿Cuando te vas a poner? 10:23

Pues ya mismo, porque si no se me
va la mañana. 10:23 ✔✔

Luego hablamos, ¿vale? 😳😳Te quiero
10:24 ✔✔

Vale. Te quiero bb 😳 10:24

Oye, no te veo yo estudiar mucho, ¿eh?
Sigues en línea. 10:31

Esto es CONTROL.

Justamente me habló Laura para pasarme
unos apuntes de clase. 10:32 ✔✔

Entiendo. En fin. Haz lo que quieras. 10:33

Esto es
MANIPULACIÓN.

No te enfades porfa, te estoy diciendo la verdad.
Justo me habló ella. Estoy estudiando, no estoy
hablando con nadie más. 10:33 ✔✔

Rubén, en serio, que yo te quiero. Lo siento si te
ha sentado mal... 10:40 ✔✔

¿Puedo llamarte? 10:51 ✔✔

Esto es la CULPA que
se siente cuando te
están manipulando.

😃 Mensaje

Para que tengas una idea clara de lo que es la manipulación, aquí tienes algunos ejemplos o fórmulas de cómo suele actuar una persona manipuladora:

- **Nunca asume responsabilidad afectiva en la relación.**

«No sé por qué necesitas hablar siempre. Yo no necesito hablar tanto las cosas».

Cuando alguien te dice esto, te hace sentir como si tuvieras demasiada necesidad de hablar las cosas y como si hacerlo fuera raro o innecesario. Como si fueras un exagerado que pide algo extraordinario para lo cual hacen falta emplear muchas energías. En resumen, te sientes como si molestaras.

- **Cuando explicas una situación que te produjo malestar, saca en la conversación todos tus errores del pasado.**

«Es que tú hace cinco años…».

La sensación de quien recibe este comentario es de indefensión total. Pase lo que pase y lo hagas como lo hagas, siempre habrá una mancha en tu expediente, aparentemente imperdonable para la otra persona, que además usará como un arma arrojadiza cuando lances una crítica hacia su conducta. Es como si la persona que te dijera eso en realidad te estuviera diciendo: «Tu crítica no es lícita; mira, tú lo hiciste peor. En realidad, soy yo la víctima».

- **Cuando no cedes a lo que quiere, se comporta de manera distante (ley del hielo).**

- **Te hace sentir culpable en cada conflicto o discusión. Le da «la vuelta a la tortilla» a todo.**

«—No me ha sentado bien que hicieras o dijeras X.
—Pero ¿a ti te parece bien decirme eso en el coche?».

Esto es manipulación, porque lo importante de esta situación no es quejarse en el coche. La persona manipuladora está dando la vuelta a la tortilla para que lo importante de la conversación sea «el error» que la víctima está cometiendo de hacer una crítica en el coche y se sienta culpable por ello. Es decir, la persona manipuladora lo que pretende aquí es cambiar el foco de la atención de algo importante, y sobre lo que probablemente tiene responsabilidad, a algo que carece de importancia, como es mantener esa conversación en el coche.

- **Te menosprecia o te hace sentir humillado y luego te dice que «es broma».**

«Jajaja, pareces un topo con esas gafas». Esto me lo decía mi primer novio. Yo siempre he tenido muchas dioptrías (herencia de mi padre) y, por desgracia, me ha tocado llevar, cuando las lentillas me lo impedían o cuando estaba por casa, las archiconocidas como «gafas de culo de vaso». Las gafas de culo de vaso, por si no lo sabes, son esas con las que los ojos se te ven como si fueran dos bolitas.

Suficiente martirio tenía yo ya llevando esas gafas como para que, encima, la persona a la que quería me lanzara esa ofensa en tono jocoso. A pesar de que yo le dijera que esa supuesta broma no me hacía ninguna gracia y que me hacía sentir mal, como se ve que a él humillarme sí se la hacía, me la repetía siempre que me las ponía. Como consecuencia, yo dejé de llevar gafas delante de él el mayor tiempo posible, aunque eso supusiera no ver tres en un burro o no dejar que mis ojos descansaran lo que debían de las lentillas.

Jolín, no te imaginas lo que me está doliendo rebuscar en mi memoria todas estas cosas y contártelas dentro de un marco concreto después de haberlas analizado.

- **Suele justificar su comportamiento u opinión aludiendo a la opinión de terceras personas.**

«No soy la única persona que lo piensa».

Como si la opinión de los demás fuera la verdad absoluta. Lo único que pretende con esto la persona que lo dice es generar presión. Además, casi siempre con «no soy la única persona que lo piensa» se refiere a sus amigos, que, evidentemente, solo habrán tenido en cuenta su versión y, seguramente, compartirán su misma forma de pensar, que para eso son sus amigos/as.

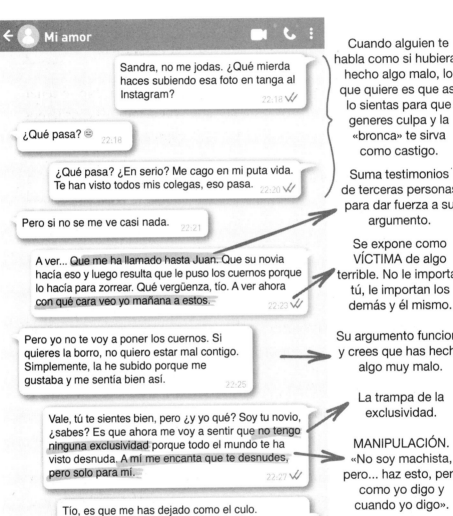

Mi amor

> Sandra, no me jodas. ¿Qué mierda haces subiendo esa foto en tanga al Instagram? 22:18 ✓✓

¿Qué pasa? 😕 22:18

> ¿Qué pasa? ¿En serio? Me cago en mi puta vida. Te han visto todos mis colegas, eso pasa. 22:20 ✓✓

Pero si no se me ve casi nada. 22:21

> A ver... Que me ha llamado hasta Juan. Que su novia hacía eso y luego resulta que le puso los cuernos porque lo hacía para zorrear. Qué vergüenza, tío. A ver ahora con qué cara veo yo mañana a estos. 22:23 ✓✓

Pero yo no te voy a poner los cuernos. Si quieres la borro, no quiero estar mal contigo. Simplemente, la he subido porque me gustaba y me sentía bien así. 22:25

> Vale, tú te sientes bien, pero ¿y yo qué? Soy tu novio, ¿sabes? Es que ahora me voy a sentir que no tengo ninguna exclusividad porque todo el mundo te ha visto desnuda. A mí me encanta que te desnudes, pero solo para mí. 22:27 ✓✓

Tío, es que me has dejado como el culo. Yo pensaba que tú eras diferente a las demás. 22:29 ✓✓

Mensaje

Cuando alguien te habla como si hubieras hecho algo malo, lo que quiere es que así lo sientas para que generes culpa y la «bronca» te sirva como castigo.

Suma testimonios de terceras personas para dar fuerza a su argumento.

Se expone como VÍCTIMA de algo terrible. No le importas tú, le importan los demás y él mismo.

Su argumento funciona y crees que has hecho algo muy malo.

La trampa de la exclusividad.

MANIPULACIÓN. «No soy machista, pero... haz esto, pero como yo digo y cuando yo digo».

Esto es MISOGINIA, y en este caso la justifica con la creencia de «si enseñas, eres una zorra».

- **Busca que sientas «lástima», usa el victimismo.**

«Me he dado cuenta de que tengo que cambiar. No sé tener una relación. Lo siento. Tienes que ayudarme». (Recordemos la conversación de WhatsApp de la página 65).

- **Usa tus debilidades o inseguridades contra ti.**

«¿Tú crees que deberías ponerte esa falda sabiendo que se te ven tanto esos muslos que odias?».
«Te vas a quedar solo como sigas así».

Si la persona que te dice esto conoce tus inseguridades y debilidades y las usa contra ti de esta manera, te está manipulando. ¿Quién no se sentiría mal consigo mismo llevando falda con este tipo de comentarios? ¿Quién se pondría falda en lugar de pantalones si alguien en quien confía le dice que se le ven los muslos, parte de su cuerpo con la que, basándonos en el ejemplo, parece que hay un complejo? Quizás haya alguien que piense que habrá personas que no se dejen manipular, pero el problema aquí no es que te dejes manipular o no, el problema es que, si eres desconocedor/a de las tácticas de las personas manipuladoras, desde el minuto uno ya eres víctima sin darte cuenta y sin siquiera tener la oportunidad de decidir si quieres dejarte o no manipular. Ahí está el problema.

- **Te amenaza de manera sutil.**

«¿En serio vas a salir vestida así a la calle? Vas a hacer el ridículo».

Cuando alguien te dice algo así, está previendo el peor desenlace posible de alguna de tus conductas, lo que quiere decir que quiere que hagas otra cosa. Evidentemente, esto se aplica siempre desde el sentido común.

- **Realiza críticas destructivas enmascaradas entre frases como «me preocupo por ti».**

«¿De verdad crees que lo mejor que se puede hacer con este problema es X? Creo que deberías madurar un poco y dejar de pensar que la vida es subir fotos a las redes sociales. Te digo esto porque me preocupo por ti y quiero que espabiles».

«Soy tan duro contigo porque me preocupo por ti y no quiero que sufras».

- **Descalifica lo que haces a través del sarcasmo.**

«¿Tú vas a estudiar ciencias? Quién lo diría».

Traducción: «¿Tú, con lo tonto que eres, vas a estudiar ciencias? Eso es para listos. Tú tendrías que hacer otra cosa que no supusiera crecer laboralmente más que yo».

- **Controla la ropa que te pones disfrazando el control de amor.**

«¿Te has fijado en que la gente te mira mucho el escote? Yo no tengo problema en que te pongas escote. A mí me encanta que te lo pongas porque te queda de infarto, pero solo para mí, ¿vale?».

Traducción: «Te pondrás lo que yo quiera cuando yo quiera».

- Siempre te hace ver, de manera directa o indirecta, que hay alguien mejor que tú.

Lo que hace que te compares. Da igual a quien idolatre. Puede ser un amigo, un ex, un actor/actriz. Siempre lo hace delante de ti. Siempre tiene palabras bonitas para esa persona, y esa persona siempre hace las cosas bien.

Y te diré una cosa, el problema no es idolatrar a una persona, es idolatrarla mientras machacas a quien tienes al lado.

Así que recuerda: nunca serás suficiente para la persona equivocada.

Esto nos lleva al concepto de **ex fantasma**.

Un ex fantasma es el ex que tu pareja tuvo antes de conocerte a ti. Pero, ojo, no es una expareja cualquiera, sino que es perfecta. Bajo los ojos de tu pareja, todo lo hacía bien: era inteligente, paciente, buena persona, elegante, trabajador/a... La persona con la que más *feeling* ha tenido y tendrá en la vida. O al menos eso cree y eso percibes. Pero la realidad es que esto no es más que una sensación que no coincide con la realidad.

Hay personas que, cuando rompen una relación, pasan de no valorar en absoluto a la persona con la que estaban a idolatrarla: «Era la persona que más me comprendía, la que aguantaba mis enfados».

Es importante recalcar que esto solo es una forma de manipulación si quien tiene un ex fantasma le hace saber lo ideal que era a la pareja actual. Y es que el ex fantasma puede ser usado también como conducta protesta para generar o alimentar celos de manera intencionada en la otra persona (celos retrospectivos, concepto que te explicaré en el próximo capítulo).

Lo contrario a tener un ex fantasma es un «Todos mis ex estaban locos» o «Todas mis ex estaban locas».

Esto es una *red flag* de mucho cuidado. Pensemos en la lógica de esta frase. Lo que realmente dice la persona que cree que todo el mundo está loco menos ella es que ella no tiene ningún problema, ergo, es una frase que demuestra que, a la hora de la verdad, esta persona le dará la vuelta a la tortilla para no cargar con la responsabilidad y la culpa de lo que sea.

A lo largo de estos años he podido comprobar que hay personas que manipulan conscientemente y personas que lo hacen de manera inconsciente. He visto a personas ser víctimas y verdugos a la vez dentro de una relación. Por eso, esto no va de buenos y malos, va de entender, observar, aprender y cambiar.

Benching

El *benching* es otra forma de maltrato emocional que corresponde con la práctica de dejar a alguien «en el banquillo».

Para que lo entiendas desde la parte de la persona agresora: no ser lo suficientemente claro con alguien y estar constantemente entre el rechazo y el interés es hacer *benching*.

Para que lo entiendas desde la parte de la víctima: en el momento en que pasas a ser el plan B o el segundo plato de alguien, esa persona te está haciendo *benching*.

La persona que hace *benching* te mantiene «ahí», te entretiene y te tiene «en el banquillo» por si su plan A falla. No le interesas para nada más que para eso. Solo te buscará cuando le interese entretenerse mientras espera a su plan A. Te hablará de vez en cuando para saber que sigues ahí. Eso le hace sentir más seguro/a. Y tú **tendrás que conformarte con esas migajas a menos que pongas límites**.

Por eso, si alguna vez alguien te ha hecho esto, esa persona estaba faltando a su responsabilidad afectiva, no estaba siendo sincera y le importaba más bien poco lo que tú pudieras sentir.

Así que, si ves que alguien te habla de vez en cuando, con la actitud de «sí, pero no», no queda mucho contigo, desaparece (*ghosting*) y tras unos días vuelve a aparecer sin más, créeme, no le interesas, solo te tiene en el banquillo.

Luz de gas o *Gaslighting*

La luz de gas es una forma de abuso emocional cuyo objetivo es manipular la percepción de la realidad de otra persona y hacerle dudar de su cordura.

Para que entiendas esto en términos de comportamiento desde cómo empieza hasta el punto que puede llegar, te voy a contar lo que viví con Mario (nombre ficticio).

Mario era un chico de mi edad que conocí una noche mientras salía de fiesta. Tras esa noche, hablamos por redes sociales y quedamos un par de veces. A las semanas de conocernos, él me confesó que se había enamorado de mí hasta las trancas, y yo, por supuesto, le creí. ¿Por qué tendría que mentirme? Me dijo también que nunca había conocido a alguien como yo, que era guapa, inteligente y que, a pesar de conocernos desde hacía poco tiempo, tenía muy claro que yo era la mujer de su vida.

Teníamos citas muy bonitas, hablábamos todos los días y la verdad es que me hacía sentir tan especial que en ningún momento imaginé lo que meses más tarde ocurriría.

Pasó el tiempo y yo seguía mi vida. Mis estudios, mis amigas, y él. Yo veía cosas raras en su conducta: últimamente no estaba tan disponible como al principio y tenía la sensación de que tardaba más en contestar a mis mensajes. Parecía que me evitaba, pero no quise pensar mucho en ello y seguí mi relación como si nada. Al cabo de unos días y, tras ver que en sus redes sociales no paraba de agregar a chicas e interactuar con ellas, mientras a mí me seguía ignorando, le confronté lo que estaba viendo. Le conté que me sentía apartada y que sospechaba que estaba pasando de mí porque quería centrarse en otras personas. Desde la comprensión le dije que lo entendía y que, si eso era lo que él deseaba, podíamos poner fin a nuestra relación sin echarnos nada en cara.

—Esas chicas son las amigas de la novia de Quique, que salimos el otro día con ellas y nos agregaron a todos —se justificó Mario.

Yo, como pensaba que Mario me quería y que lo que nosotros habíamos vivido era muy especial, no le di más importancia. Mientras tanto, Mario empezaba a mostrar cada vez menos interés en mí. En algunas ocasiones lo daba todo por la relación, con lo que yo me sentía pletórica y llena de amor, y en otras ocasiones pasaba olímpicamente de mí, como si no existiera. Cada vez que él me hacía un poco de caso, yo me desvivía por él; intentaba ser la mejor novia posible para que, por si acaso conocía a alguien, no se fijara en nadie más y solo quisiera estar conmigo.

—No me falles, ¿eh? —me decía, para más inri, insinuando que no hiciera nada para que él desconfiara de mí.

Dadas las circunstancias, como había días en los que no sabía nada de él, no me tocó otra que seguir mirando las redes sociales. Lo sé, mal por mi parte (más adelante te explico por qué). Pero de verdad que era eso o morir de incertidumbre.

—Oye, Mario, hace varios días que no sé nada de ti. ¿Está todo bien?
—Sí, está genial. Es que estoy muy liado, pero ya sabes que te quiero mucho, mi amor, y que eres la mujer de mi vida.

Y así, con las migajas me fui conformando durante un año. Hasta que un día pasó.

Estando en una cafetería de la zona, una chica que me sonaba se puso delante de mí y me dijo:

—Oye, ¿tú eres la novia de Mario?
—Sí —le respondí temblando. Aunque no tenía trato con ella, sabía quién era. La había visto otras veces en las redes sociales de Mario.
—Qué bien. Yo también.

No sé cómo no me caí redonda al suelo porque, desde luego, no daba crédito a lo que estaba escuchando.

No pude decir nada, así que ella continuó hablando.

—Mira, sé que esto es jodido, pero me temo que Mario nos ha estado engañando a las dos, y creo que tienes que saber la verdad. Así que apúntate mi usuario y contraseña de mi perfil en Facebook y entra. Tienes todo mi permiso para leer todos los mensajes que me ha mandado mientras estaba contigo.

—¿Estás segura? —musité ante la persona ejecutora del mayor acto de sororidad que una mujer haya hecho conmigo jamás.

Ella me cogió la mano y me dijo firme:

—Totalmente. Es lo más justo para las dos.

En este momento no le conté a nadie lo que acababa de pasar. Todavía no estaba segura de si aquello era una especie de broma de mal gusto.

Cuando llegué a casa esa misma tarde, lo primero que hice fue conectarme a internet desde el ordenador. Una tremenda angustia se apoderó de mí en el momento en que vi las casillas de «usuario» y «contraseña» listas para ser rellenadas. Apenas podía respirar. Tenía mucho miedo de lo que estaba a punto de ver. ¿Cómo había sido capaz de mentirme de esa manera?

Introduje los datos que aquella chica me dio. Y, bingo, entré en su perfil. «No puede ser cierto, no puede ser cierto...», pensaba una y otra vez. Aquello empezaba a ser real. Algo dentro de mí esperaba que las claves de acceso fueran falsas.

Abrí la sección de sus mensajes privados y allí estaba la conversación con Mario. El mundo se me cayó encima.

Entré en la conversación y empecé a leer uno a uno todos los mensajes desde el principio. Todas aquellas palabras se me fueron clavando en lo más profundo de mi ser, como si de dagas muy bien afiladas se tratara.

Y, de repente, calma.

No sé ni cómo ni por qué mi cuerpo decidió no sufrir más. Probablemente fuera el *shock* del momento, porque no recuerdo mucho más a partir de ahí, pero sentí como si algo dentro de mí se hubiera cansado de sufrir, como si hubiera rellenado el cupo del malestar y hubiera decidido poner punto y final a todo para dejar paso a la nada. Nada. Eso era lo que sentía. Nada. Me daba igual todo.

Puede parecer paradójico, pero tengo la sensación de que, al descubrir el pastel, el dolor fue tan grande que mi cerebro decidió anestesiarme.

Lo único que pude hacer desde ese momento hasta el día siguiente fue mirar al infinito mientras ataba cabos. Y, como si de un alma en pena se tratara, iba de un lado para otro de mi casa, inmersa en mis pensamientos. ¿Cómo le iba a decir lo que había visto?

Así que, tan bien como pude, le fui preguntando de manera indirecta mientras tanteaba el terreno. Lo negaba todo. No había conocido a nadie, no había quedado con nadie, no sabía quién era esa chica y, por supuesto, ella le seguía en redes porque probablemente estaría obsesionada con él.

Así que se lo solté. Se lo dije todo. Le enseñé incluso capturas de pantalla de los mensajes. Ya no tenía escapatoria.

¿Piensas que tuvo la decencia de admitir lo que yo misma con mis propios ojos estaba viendo? Evidentemente, no.

Lo primero que me dijo fue que le habían suplantado la identidad. Ante mi creciente enfado, me soltó que era esa chica la que iba detrás de él.

Minutos más tarde me confesó que tenía razón, que había hablado con ella, pero que solo le siguió el juego porque ella, le amenazó con contármelo si no le hablaba.

Luego jugó la baza de que se sentía solo y que todo era por mi culpa.

Y para finalizar, lejos de admitir la realidad y pedir disculpas, me hizo creer que se había dejado llevar por la situación, pero que, en realidad, me quería a mí, que reconocía que tenía un problema con sus impulsos y que tenía que ayudarle.

Y, aunque te parezca increíble, por un instante dudé. Dios, como me duele reconocer esto. Ahora lo veo tan claro… Pero en ese momento dudé de mi propia cordura. ¿Y si realmente me quería y tenía un problema en su control de impulsos que podría resolverse en terapia? A decir verdad, hoy creo que esta excusa habría sido genial, si no fuera porque el resto de la relación, siendo clara, era una soberana mierda. Pero en su momento dudé, claro que dudé, estaba anuladísima por todas aquellas veces en las que mi criterio, según él, «no tenía lógica», porque me quería y nunca me haría eso. Ojo, no porque él me demostrara que me quería, sino porque me decía que me quería. Es que es de traca, pero mi yo manipulado no veía esto con tanta claridad como lo veo ahora.

Hace ya mucho tiempo de este episodio de mi vida, pero hay partes que recuerdo como si fuera ayer.

Volví a hablar con Ángela. Vamos a llamarla así, porque, sinceramente, esta chica para mí fue como un ángel caído del cielo que vino de la nada y se fue tras salvarme de aquella mentira que estaba viviendo.

—María, yo también pensaba que él me quería y, si te digo la verdad, yo sabía que tú también existías, pero no porque supiera que eras su pareja, sino porque una vez vi que en su cuarto tenía un regalo que tú le hiciste. Cuando pregunté por aquello, me dijo que eras una amiga que se había obsesionado con él.

En ese momento lo vi claro. Mario había usado esa misma excusa conmigo para justificar la existencia de otras personas. Todas estábamos locas y obsesionadas con él.

Mario me estaba mintiendo. Y tú dirás: «¡Pues claro! ¿Es que no lo veías?». Pues no, cariño, una persona manipulada y anulada, esto, que es más cristalino que el agua de un manantial, no lo ve.

Nunca más volví a saber nada más de Ángela. Tras hablar, desenmascarar a Mario y pedirnos disculpas mutuamente, desapareció de mi vida.

Mario, por el contrario, no se dio por vencido. Siguió acosándome e intentando convencerme de que me quería durante varios meses más. Al principio, tuvo respuesta por mi parte (cuesta desengancharse), pero poco a poco fui siendo consciente de sus mentiras y sus manipulaciones. Y, aunque en ese momento no sabía ponerle nombre a lo que me hizo, ahora sé que fue un gran *gaslighting*, finalmente desistí en mis intentos de estar con él.

El *gaslighting* también se puede dar en forma de invalidación emocional. A continuación te doy algunos ejemplos de frases que podría decirte alguien que está invalidando tus emociones.

Otros ejemplos de luz de gas:

- ¿En serio estás llorando por eso?
- Eres muy exagerado/a.
- Eso es una tontería.
- Tampoco es para tanto.
- Menuda chorrada te preocupa.

- Siempre igual, enfadándote por todo.
- Eres muy quejica.
- El/la que necesita terapia eres tú.
- No hace falta que te pongas así.
- Estás loco/a.
- Te miento porque te enfadas por cualquier cosa.

La consecuencia para la víctima, como ya has visto, es la anulación y humillación a los propios sentimientos y emociones que surgen en situaciones conflictivas.

Invalidar las emociones es algo que muchas personas hacen incluso sin darse cuenta, probablemente por haber crecido en un entorno invalidante. Normalmente, la forma de relacionarnos con los demás y con nosotros mismos que aprendemos a lo largo de toda nuestra vida, y especialmente durante la infancia, es la que luego reflejamos en nuestras relaciones de pareja.

Te hablaré ahora de **Raúl y Jaime**, una pareja que tuve una vez en consulta y que, aunque no tenían un vínculo dependiente y mantenían una relación bastante sana, descubrimos en sesión que Jaime invalidaba a Raúl de manera totalmente inconsciente. Indagando en la vida de Jaime, pude descubrir que él también había recibido el tipo de comentarios de la lista anterior, a lo largo de toda su vida, por parte de su familia, por lo que era algo que él había normalizado. Raúl, por el contrario, sí identificaba muy bien que ese tipo de comentarios no eran normales y que no le hacían sentir bien. Al no haber vínculo dependiente ni dinámicas tóxicas, como digo (en las relaciones con vínculo dependiente y dinámicas tóxicas no se recomienda hacer terapia de pareja, puesto que la probabilidad de éxito es nula), pudimos llegar a realizar una intervención de pareja.

—¿Qué le voy a decir, María? —me decía Jaime en sesión—. ¡Si es que es verdad que me parece que a veces se enfada por tonterías!

—Claro, pero es que, para él, en ese momento en el que te lo está diciendo, no es una tontería, porque si así lo considerara, no te lo diría. Lo que terminará pasando con esta dinámica es que Raúl dejará de contarte cómo se siente y tú cada vez le echarás más de menos.

—Eso es verdad, cada vez me cuenta menos cosas y parece que soy yo quien tiene que ir a adivinar lo que está pensando. ¿Por qué no me cuenta las cosas? Siempre tengo que ir yo detrás.

—Bueno, Jaime, es que esto no deja de ser una consecuencia de lo anterior. Si te cuenta cosas y tú le contestas de la manera en que lo haces, le haces sentir invalidado. Es como recibir un castigo.

—¿Tú crees?

—Por supuesto que sí. ¿A ti te gustaría que ante el problema que me estás contando yo te dijera que eres muy quejica?

—No, claro que no, eres mi psicóloga.

—Pues él es tu marido. —Después un silencio en el que Jaime quedó pensativo, seguí—. ¿Por qué no haces la prueba?

Jaime suspiró y, tras unos segundos más de silencio que aprovechó para reflexionar, al final respondió:

—Lo haré —dijo mientras asentía—. Ahora que me lo has dicho, lo haré.

Tras varios meses trabajando a tope en sesión y en casa, Raúl y Jaime cambiaron patrones de conducta y comunicación. Jaime dejó de invalidar las emociones de Raúl y Raúl, al sentir que Jaime ya no le juzgaba, empezó a generar más confianza y comunicación con su pareja, algo que él también echaba de menos.

Una de las pautas que le di a Jaime fue la de practicar diferentes formas de dar *feedback* a su pareja sin la necesidad de invalidarla. Aquí tienes tú también algunos ejemplos para que practiques si lo deseas:

- Quizás no comparta tu emoción, pero respeto que te sientas así. Voy a hacer un esfuerzo por entenderte.
- Siento que estés molesto.
- ¿Puedo hacer algo para ayudarte?
- Llora si lo necesitas.
- ¿Qué sientes?
- Entiendo que esto para ti es importante.
- Es normal que te sientas así.
- Te escucho.
- Dar un abrazo y sentarse al lado sin decir nada.
- No sé qué decirte en este momento porque estoy algo bloqueado. Voy a hacer un té y si quieres me vas contando más en profundidad.

Desde luego, casos como el de Raúl y Jaime no son de los que más abundan. Lo que más se suele ver en temas de *gaslighting* o invalidación de emociones son, lamentablemente, casos como el que me ocurrió a mí con Mario.

07

Los celos

Imagino que, llegados a este punto, entendemos perfectamente que los celos no son amor. Así que, si alguna vez alguien ha intentado venderte la moto contándote esta milonga, déjame decirte que muy probablemente era alguien con unas creencias sobre el amor y las relaciones dignas de la Edad Media. Aunque tampoco le culpo. Hace dos telediarios veíamos alcanzar el éxito mundial a obras literarias que más tarde fueron cinematográficas, como *Crepúsculo*, *Cincuenta sombras de Grey* o *After*, que más que hablar de historias de amor, hablan de historias de acoso, maltrato y dependencia emocional romantizadas, también te lo digo. Así cualquiera normaliza el amor como posesión (y quien esté libre de pecado que tire la primera piedra).

Resulta que, al igual que la decepción no es alegría o la ira no es asco, los celos no son amor, porque amor y celos son conceptos diferentes y no implican nada más trascendental que ser una emoción. Por eso, la asociación que se hace con los celos y el amor no tiene sentido en sí misma, pero aun así la hacemos como sociedad gracias a las arraigadas creencias machistas que relacionan el amor con la posesión.

He conocido tanto a personas que afirman que sentir celos es malo, como a personas que creen que sentir celos es bueno. ¿Cuál de las dos partes tiene razón? Ninguna. **Los celos no son ni buenos ni malos, son una emoción. No hay emociones buenas o malas.** Todo depende de cómo se gestionen. Si su gestión implica control a la pareja, entonces lo que es malo (o mejor dicho, disfuncional) es la gestión, la asociación que se hace entre celos y amor, y el vínculo o manera de relacionarse con la pareja que se está aprendiendo, pero no la emoción en sí misma.

Los celos aparecen como respuesta ante una situación que se percibe como una amenaza y son una emoción secundaria, resultante de la mezcla de ira y miedo, emociones primarias (lo que quiere decir que, cuando sentimos celos, también sentimos miedo e ira). Nuestro cerebro, en términos de apego (veremos este término en detalle más adelante) es más básico que el mecanismo de un botijo, por lo que cualquier estímulo que suponga una posible amenaza, es decir, algo que aumente las probabilidades de una posible «pérdida» de la pareja, será lo que active todas esas emociones. Este proceso, hasta este punto, es normal y le puede pasar a cualquiera, por eso **no debes sentirte culpable si alguna vez has sentido celos o tu pareja los ha sentido contigo**. Que no cunda el pánico. Ahora bien, una cosa es sentirlos y otra muy diferente es dejarte llevar por ellos y liarla con tu conducta o comportamiento.

A la hora de trabajar los celos y su gestión, se evalúan las cosas que se consideran una amenaza, las percepciones y las interpretaciones que se hacen de dicha situación, todo con el objetivo de canalizar y modular la emoción de diferente manera para que la conducta resultante no provoque sufrimiento a las personas implicadas, ni resulte disfuncional para la relación. Lo que queremos con esto es evitar conductas de control hacia la pareja y, por ende, el sufrimiento por ambas partes.

Por ejemplo, si tu pareja se intercambia mensajes con un amigo y no te dice nada al respecto, sino que te enteras porque un día, de casualidad, ves la notificación, pues, oye, tampoco te montes la película y te pongas a liársela así sin más. Cálmate y trabaja un poco lo que está pasando, ¿no? Y luego, por supuesto que sí, podrás comentarlo con tu pareja, porque, te digo más, el acompañamiento de la pareja en estos casos es importantísimo. Pero si ya de primeras hay camiones de reproches entre vosotros, pues entiende que mucha colaboración en la gestión de los celos y la situación en sí misma tampoco habrá, ¿no? Hagamos las cosas bien.

Para saber manejar las emociones, es imprescindible entender qué objetivo tiene cada una de ellas. Recuerda que los celos venían de la activación de la ira y el miedo, por cierto, dos emociones muy majas que siempre van juntas a todas partes. ¿No lo sabías? Cuando se activa una, se activa la otra. Siempre. Fíjate y verás. (Esto, por si te interesa profundizar, es por una movida biológica que Manuel Hernández Pacheco explica muy bien en su libro *Apego y psicopatología: la ansiedad y su origen*). Entonces, si entendemos para qué sirven el miedo y la ira, entenderemos también para qué sirven los celos.

Nosotros ya lo sabemos porque te lo acabo de contar: nuestro cerebro responde de manera instintiva ante una posible amenaza. Pero ya sabemos que eso de las «posibles amenazas» hay que cogerlo con pinzas porque, claro, la cabeza de cada uno a veces ve y procesa lo que quiere. Y no, esto no trata de «estar mal de la cabeza»; esto, insisto, nos pasa a todos, pero tenemos que ser conscientes y racionales al respecto.

Veamos con un ejemplo práctico cómo funcionan los celos y ese procesamiento del que te hablo.

¿Qué ves aquí?

Tienes tres segundos para decir la respuesta.

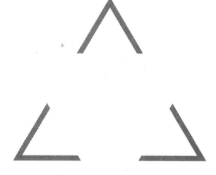

Tres. Dos. Uno.
Un triángulo, ¿no? Ajá. ¿Y si te muestro esto?

¿Es otro triángulo? ¿Es una parte del triángulo de antes?

¿Y esto?

¿Y esto?

Bueno, en realidad, lo que te estoy mostrando simplemente son seis líneas colocadas de tal manera para que tu cerebro interprete una forma concreta. Nuestro cerebro está preparado para hacer eso. ¿Nunca has visto una cara en el gotelé de tu casa? ¿O una cara en el morro de los coches? ¿Qué me dices del misterio de las caras de Bélmez? Bueno, puros mecanismos del cerebro para encontrar formas y reunirlas para que nos resulten familiares y poder procesarlas de una manera más fácil. Cuando el fenómeno ocurre con las formas geométricas, lo llamamos **pareidolia**. En realidad, esta manera de procesar las cosas responde a un rasgo evolutivo que ponemos en marcha para protegernos de posibles peligros. Si procesamos las cosas rápido, podemos protegernos rápido, pero, claro, no podemos procesar algo rápido si tenemos que ir forma a forma; es mejor reunirlas todas en algo conocido y facilitar la faena. Es justo lo que les pasaba hace miles de años a nuestros antepasados, que necesitaban ver posibles caras de depredadores entre los árboles o las rocas. Ahora no tenemos depredadores, pero la verdad es que donde esos resquicios que nos quedan y las leyes de la Psicología Gestalt puedan explicar este procesamiento rápido y fácil, que se quite el poco a poco. Llamémosle economía cognitiva.

Entonces, mientras veías los dibujos de antes, tu cerebro seguramente decía algo así: «¿Seis líneas colocadas en ángulos de sesenta grados de tal manera que me recuerdan a un triángulo? Es un triángulo, seguro. Ya completo yo las líneas que faltan».

Y así es: nuestro cerebro «completa» la información que falta con la que previamente ya tiene de base.

Mira este otro ejemplo:

«Sgeun un etsduio de una uivenrsdiad ignlsea, no ipmotra el odren en el que las ltears etsan ersciats, la uicna csoa ipormtnate es que la pmrirea y la utlima ltera esetn ecsritas en la psiocion cocrrtea».

Lo has podido leer sin problemas, ¿a que sí?

Bueno, pues la sorpresa de verdad te la vas a llevar ahora.

A este fenómeno cognitivo, cuando ocurre con los pensamientos, se le llama **sesgo confirmatorio**, también conocido como la tendencia a favorecer, buscar, interpretar y recordar la información que confirma las propias creencias previas, obviando otras alternativas.

Volvamos al ejemplo anterior.

Tu pareja se intercambia mensajes con un amigo y no te dice nada al respecto, sino que te enteras porque un día de casualidad ves la notificación. ¿Qué puedes pensar al respecto?

Si nunca has vivido una infidelidad y esto es la primera vez que te pasa, probablemente tu sistema de alerta ni siquiera se active, pero ¿y si sí? Entonces puedes pensar cosas tales como las siguientes:

- Mi pareja está tonteando con otra persona.
- Me mintió cuando me dijo que no hablaba con nadie más.
- ¿De qué estarán hablando que es tan interesante como para estar todo el día mandándose mensajes?
- Si no quiere estar conmigo, ¿por qué sigue conmigo? ¿A qué juega?
- Seguro que está conmigo por interés.
- Mi pareja no me quiere.
- Si es que ya sabía yo que no podía volver a confiar en nadie.
- Es mejor estar solo que mal acompañado.
- Se va a enterar, le voy a cantar las cuarenta.
- Le voy a dejar, que le den.

Es cierto que, como hemos visto en ocasiones anteriores, la historia personal tiene mucho peso en la manera de procesar las cosas (es decir, que, cuando el cerebro completa la información, lo hace con cosas que ya conoce o le suenan de algo), pero cuando se activa el sistema de alarma, se activa, y eso ya no hay quien lo pare, a no ser que pongas especial atención a qué está pasando dentro de tu cabeza.

Si la mecha se enciende, arde Roma, a no ser que seas consciente de que tu cerebro está en modo supervivencia y solo busca «defenderte» de un peligro que, como ya sabes, es probable que se esté inventando como se inventaba las líneas del triángulo, gracias a esos rasgos evolutivos.

—¿Y si es verdad, María? ¿Y si realmente está tonteando con otra persona y me lo está ocultando? —me dijo **Patricia**, paciente con quien trabajaba la gestión de los celos en la relación que tenía con **Mónica**, con la que, a pesar de no haber tenido nunca una mala experiencia, pagaba los platos rotos de su pasado. Patricia ya había vivido una infidelidad en una relación previa.

—¿Y si no? —le respondí—. Hay las mismas probabilidades. Y justamente por eso, ¿por qué no hablar tranquilamente al respecto, en lugar de tomar decisiones de manera unilateral?

—Pero es que es probable que le siente mal que dude de ella.

—Es posible que por miedo a que le siente mal decidas no hablar con ella, pero eso no hará que tu cabeza deje de darle vueltas al tema.

—Ya..., y eso al final es peor, porque yo me voy cargando con mis propios pensamientos...

—Y terminarás diciéndoselo igual, pero de malas maneras porque te habrás ido retroalimentando con el tiempo, lo que equivale a eso de tener «dramas explosivos» en la relación, que ya sabemos lo tóxico que es. ¿Crees que comentar tus dudas podría ayudarte a estar más tranquila? —le pregunté para que reflexionara.

Tras varios segundos de silencio, Patricia se pronunció.

—Sí... Creo que es lo que haré.

—Me parece bien. De todas formas, piensa que si le ofende que te abras y compartas con ella tus emociones y preocupaciones es algo que dice más de ella que de ti.

—Al final, obtenga el resultado que obtenga, será algo bueno para mí. Tienes razón. Creo que yo no me ofendería si mi pareja se abriera a mí de esa manera. —Patricia paró de nuevo su discurso y, tras escuchar sus propios pensamientos, prosiguió—. Oye, y si se siente ofendida porque me dice que estoy dudando de ella, ¿qué le digo?

—Puedes explicarle todo lo que has aprendido de los celos en esta sesión, ¿no?

Y así, Patricia abandonó la consulta decidida a hablar de la situación con Mónica, su pareja, que, no solamente la comprendió muy bien y apoyó, sino que, además, quiso negociar con Patricia que, cada vez que se sintiera de esa manera, se lo dijera y que ella haría todo lo posible para acompañarla en la gestión de sus emociones. Y es que cuán importante es que la pareja esté ahí como apoyo fundamental, incluso cuando el problema es de pareja.

¿Por qué es importante acompañar a la pareja en el manejo de las emociones?

Las personas necesitamos sentir que lo que nos rodea es seguro y estable. La vida no siempre es fácil y en muchas ocasiones vivimos sucesos negativos, problemas, imprevistos, momentos críticos y días malos. Ante esto, es importante y necesario que la persona que sufre pueda encontrar en su pareja un punto de apoyo notable.

Entendiendo que la pareja forma parte del entorno más cercano, es su responsabilidad aportar esa estabilidad emocional cuando la otra persona lo necesita. Aunque no entienda o no comparta la misma percepción de quien siente el malestar emocional, es de vital importancia escuchar, preguntar y demostrar que se está presente. Esto también es responsabilidad afectiva.

La persona que sufre debe manejar sus emociones en lo que a la parte individual corresponde. Sin embargo, **si la pareja no está ahí aportando esa estabilidad y apoyo, el manejo individual apenas sirve.**

Demostrar estabilidad emocional no significa solucionar problemas o responsabilizarse de la emoción, simplemente es acompañar y, mediante comunicación verbal o no verbal, lanzar el mensaje tranquilizador: «Ey, estoy aquí, todo saldrá bien, no te preocupes. Te abrazo».

Si ante el malestar emocional individual, la pareja actúa de forma distante, sin hacerse cargo de la parte que le corresponde, la persona que sufre sufrirá más. Esto es individualismo en pareja (*spoiler*: no funciona y crea un ambiente ambivalente y de cierta rivalidad con la pareja).

Aquí tienes un ejemplo de lo que funcionaría en un caso de celos:

Lo que sí funciona:

«¿Qué sientes? ¿Por qué sientes esto? Te escucho. Sabes que yo te quiero y que nunca te haría eso. Igualmente, siempre que te sientas así, dímelo y lo comentamos».

Lo que no funciona:

«Si quien tiene celos es mi pareja y yo sé que no hago nada malo, que se apañe él/ ella».

Veamos otros ejemplos del acompañamiento en el manejo de emociones. Vamos a imaginar que ha pasado algo por lo que tu pareja se ha rayado.

Lo que sí funciona:

«¿Qué te ocurre? Quizás yo no pueda entender esto, pero parece que para ti es importante. ¿Puedo hacer algo para ayudar a que te sientas mejor?».

Lo que no funciona:

«Menuda tontería. ¿Y te rayas por esto? Hay cosas más importantes».

Ahora imagina que has discutido con tu pareja por algo que has hecho y le sentó mal, aunque no era tu intención.

Lo que sí funciona:

«No era mi intención. Aun así, siento haberte hecho sentir mal».

Lo que no funciona:

«No me parece bien que te enfades por esto, yo no he hecho eso que tú dices. A mí tú también me has hecho daño otras veces y no me he puesto así».

A continuación verás una conversación en la que los celos no pueden estar peor gestionados. En ella, la discusión termina en pelea porque se aborda el tema con un estilo de comunicación agresivo y con una actitud de lucha; además, está llena de invalidaciones emocionales.

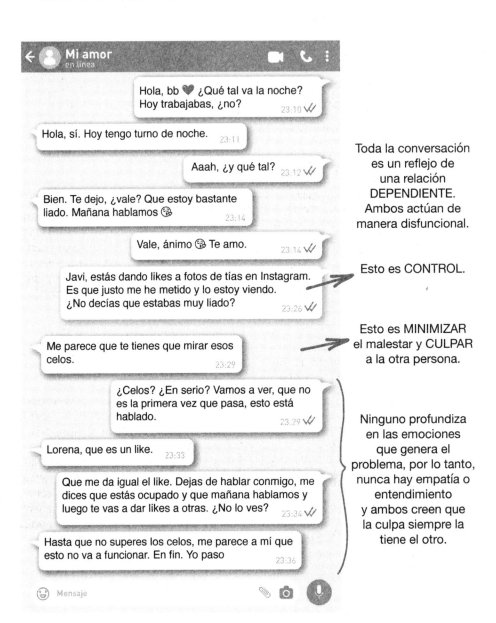

Mi amor
en línea

Hola, bb 🖤 ¿Qué tal va la noche?
Hoy trabajabas, ¿no?
23:10

Hola, sí. Hoy tengo turno de noche.
23:11

Aaah, ¿y qué tal?
23:12

Bien. Te dejo, ¿vale? Que estoy bastante
liado. Mañana hablamos 😬
23:14

Vale, ánimo 😬 Te amo.
23:14

Toda la conversación
es un reflejo de
una relación
DEPENDIENTE.
Ambos actúan de
manera disfuncional.

Javi, estás dando likes a fotos de tías en Instagram.
Es que justo me he metido y lo estoy viendo.
¿No decías que estabas muy liado?
23:26

Esto es CONTROL.

Me parece que te tienes que mirar esos
celos.
23:29

Esto es MINIMIZAR
el malestar y CULPAR
a la otra persona.

¿Celos? ¿En serio? Vamos a ver, que no
es la primera vez que pasa, esto está
hablado.
23:29

Lorena, que es un like.
23:33

Que me da igual el like. Dejas de hablar conmigo, me
dices que estás ocupado y que mañana hablamos y
luego te vas a dar likes a otras. ¿No lo ves?
23:34

Hasta que no superes los celos, me parece a mí que
esto no va a funcionar. En fin. Yo paso
23:36

Ninguno profundiza
en las emociones
que genera el
problema, por lo tanto,
nunca hay empatía o
entendimiento
y ambos creen que
la culpa siempre la
tiene el otro.

Mensaje

Ahora quiero que veas una situación diferente y manejada de una manera más funcional.

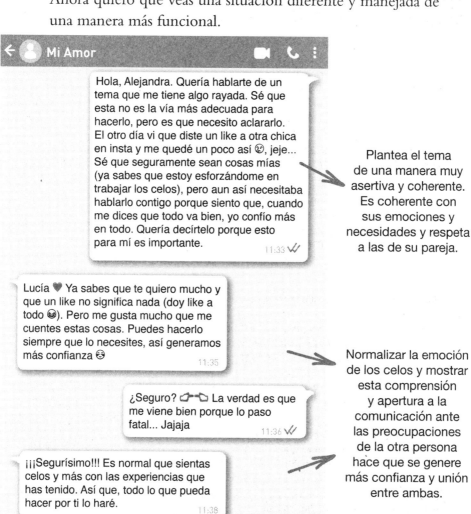

Mi Amor

Hola, Alejandra. Quería hablarte de un tema que me tiene algo rayada. Sé que esta no es la vía más adecuada para hacerlo, pero es que necesito aclararlo. El otro día vi que diste un like a otra chica en insta y me quedé un poco así 😟, jeje... Sé que seguramente sean cosas mías (ya sabes que estoy esforzándome en trabajar los celos), pero aun así necesitaba hablarlo contigo porque siento que, cuando me dices que todo va bien, yo confío más en todo. Quería decírtelo porque esto para mí es importante. 11:33

Plantea el tema de una manera muy asertiva y coherente. Es coherente con sus emociones y necesidades y respeta a las de su pareja.

Lucía 💜 Ya sabes que te quiero mucho y que un like no significa nada (doy like a todo 😄). Pero me gusta mucho que me cuentes estas cosas. Puedes hacerlo siempre que lo necesites, así generamos más confianza 😌 11:35

Normalizar la emoción de los celos y mostrar esta comprensión y apertura a la comunicación ante las preocupaciones de la otra persona hace que se genere más confianza y unión entre ambas.

¿Seguro? 🤛🤜 La verdad es que me viene bien porque lo paso fatal... Jajaja 11:36

¡¡¡Segurísimo!!! Es normal que sientas celos y más con las experiencias que has tenido. Así que, todo lo que pueda hacer por ti lo haré. 11:38

Mensaje

Veamos también cómo podría ser una misma situación mal gestionada y bien gestionada.

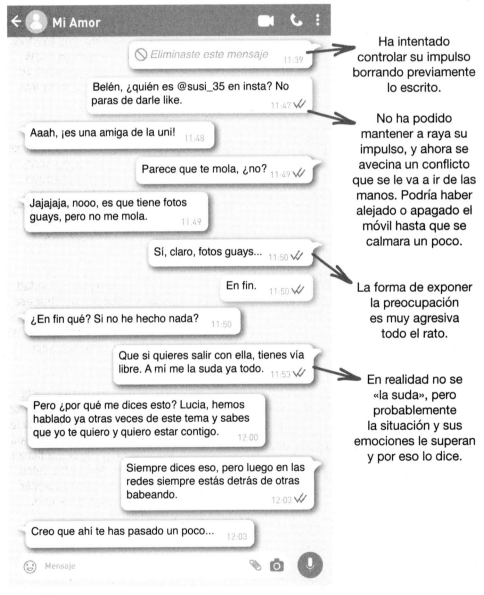

Ha intentado controlar su impulso borrando previamente lo escrito.

No ha podido mantener a raya su impulso, y ahora se avecina un conflicto que se le va a ir de las manos. Podría haber alejado o apagado el móvil hasta que se calmara un poco.

La forma de exponer la preocupación es muy agresiva todo el rato.

En realidad no se «la suda», pero probablemente la situación y sus emociones le superan y por eso lo dice.

Mi Amor

Eliminaste este mensaje 11:39

Belén, ¿quién es @susi_35 en insta? No paras de darle like. 11:47

Aaah, ¡es una amiga de la uni! 11:48

Parece que te mola, ¿no? 11:49

Jajajaja, nooo, es que tiene fotos guays, pero no me mola. 11:49

Sí, claro, fotos guays... 11:50

En fin. 11:50

¿En fin qué? Si no he hecho nada? 11:50

Que si quieres salir con ella, tienes vía libre. A mí me la suda ya todo. 11:53

Pero ¿por qué me dices esto? Lucia, hemos hablado ya otras veces de este tema y sabes que yo te quiero y quiero estar contigo. 12:00

Siempre dices eso, pero luego en las redes siempre estás detrás de otras babeando. 12:03

Creo que ahí te has pasado un poco... 12:03

Mensaje

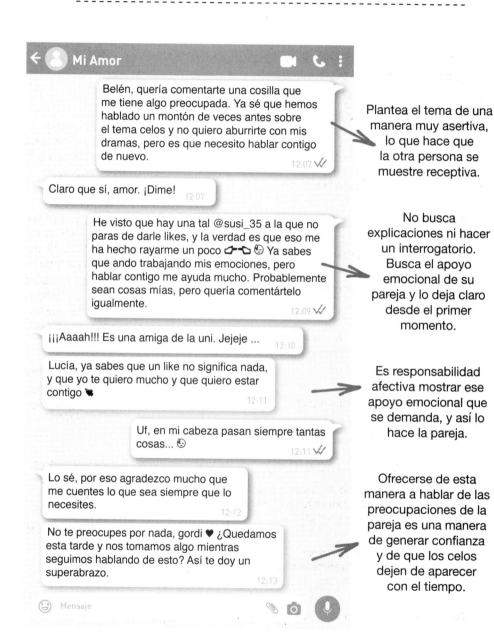

Mi Amor

Belén, quería comentarte una cosilla que me tiene algo preocupada. Ya sé que hemos hablado un montón de veces antes sobre el tema celos y no quiero aburrirte con mis dramas, pero es que necesito hablar contigo de nuevo.
12:07

Plantea el tema de una manera muy asertiva, lo que hace que la otra persona se muestre receptiva.

Claro que sí, amor. ¡Dime!
12:07

He visto que hay una tal @susi_35 a la que no paras de darle likes, y la verdad es que eso me ha hecho rayarme un poco 😔 Ya sabes que ando trabajando mis emociones, pero hablar contigo me ayuda mucho. Probablemente sean cosas mías, pero quería comentártelo igualmente.
12:09

No busca explicaciones ni hacer un interrogatorio. Busca el apoyo emocional de su pareja y lo deja claro desde el primer momento.

¡¡¡Aaaah!!! Es una amiga de la uni. Jejeje ...
12:10

Lucía, ya sabes que un like no significa nada, y que yo te quiero mucho y que quiero estar contigo 💜
12:11

Es responsabilidad afectiva mostrar ese apoyo emocional que se demanda, y así lo hace la pareja.

Uf, en mi cabeza pasan siempre tantas cosas... 😔
12:11

Lo sé, por eso agradezco mucho que me cuentes lo que sea siempre que lo necesites.
12:12

No te preocupes por nada, gordi 💜 ¿Quedamos esta tarde y nos tomamos algo mientras seguimos hablando de esto? Así te doy un superabrazo.
12:13

Ofrecerse de esta manera a hablar de las preocupaciones de la pareja es una manera de generar confianza y de que los celos dejen de aparecer con el tiempo.

Mensaje

Hay diferencia, ¿verdad? Si el manejo de los celos en pareja de una manera funcional te parece imposible o idílico, déjame decirte que esto tendría que ser lo normal y que, si tu relación está muy lejos de lo funcional, tenéis mucho pero que mucho trabajo por hacer.

Después de todo esto que te acabo de contar, ¿crees que una persona puede autodenominarse «celosa»? La respuesta es no. **Una persona no puede ser celosa porque las emociones vienen y van, y algo que aparece y desaparece no puede definirnos.** Recordemos lo que hablábamos antes de que los pensamientos, las conductas y las emociones van y vienen. Los celos son una emoción.

Entonces no hay personas celosas, hay personas con ideas equivocadas de lo que es el amor y personas que no gestionan bien sus emociones (o parejas que no ayudan a crear vínculos seguros).

Celos retrospectivos

Los celos retrospectivos surgen del miedo a «perder» a la pareja y se basan en la obsesión por el pasado de la pareja y por indagar sobre los detalles de sus anteriores relaciones afectivas o sexuales (sin necesidad de la presencia de un ex fantasma, aunque, si lo hay, los celos retrospectivos pueden aparecer con mayor motivo).

En realidad, la emoción sigue siendo la misma, los celos, solo que el estímulo que los desencadena pertenece a un tiempo diferente. La pregunta es: ¿por qué el cerebro es capaz de hacer eso? Es sencillo, este no entiende de tiempos. Le da igual si lo que tú le pones delante es un recuerdo de hace tres años o una situación que temes que pase dentro de cuatro días. Le da absolutamente lo mismo. En cuanto tiene delante el estímulo (en este caso un pensamiento), lo coge y lo procesa como si estuviera pasando ahora mismo. Es decir, **el cerebro solo entiende el tiempo presente**.

Tampoco tiene ni idea de lo que es real o no es real, objetivamente hablando. Si tiene algo delante, por muy surrealista que sea, para el cerebro es real. No hay más vuelta de hoja. ¿Temes hacer el ridículo en tu primera reunión de trabajo? No te preocupes, ya se encarga tu cerebro de procesar ese miedo como si estuviera pasando realmente en este momento. ¿Qué notas tú? Ansiedad, claro. Para el cerebro, el fracaso absoluto al que temes está ocurriendo exactamente en este mismo momento y reacciona a ello con la respuesta de ansiedad. Haz la prueba, piensa en algo que te haga sentir la emoción que quieras inducir y verás como al cabo de unos pocos segundos o minutos sientes esa emoción. **La mente es muy poderosa.**

Con los celos pasa exactamente lo mismo. Cuanto más inundes tu mente de sospechas pasadas o actuales, más presente lo tienes, ergo más te obsesionas.

¿Cuáles son los síntomas en las personas que sienten celos retrospectivos?

- Buscan cada detalle de las relaciones que ha tenido la actual pareja.
- Parece que ningún detalle es suficiente, siempre hay más ganas de saber. Tienen especial obsesión en saber cómo era físicamente la pareja anterior, su forma de ser, cómo le trataba o cómo le hacía sentir.
- Chequean móvil, agenda, correo, redes sociales, etc., en busca de datos. La intención del chequeo o repaso de los «posibles peligros» es comprobar que todo está bien. En este caso, que «todo está bien» correspondería a verificar que nadie se ha intentado poner en contacto con la pareja o, incluso, comprobar cómo ha sido la vida de la pareja con sus exparejas, incluyendo detalles de todo tipo, aunque eso suponga hacerse daño a uno mismo.
- Necesitan sentir que, de alguna manera, son más «importantes» y «mejores» que otras parejas del pasado.
- Suelen exigir explicaciones a la pareja acerca de lo que hizo en el pasado.
- Reprochan constantemente a la pareja todo lo que hizo con otra u otras personas en el pasado.

Hay una cosa curiosa en esto de los celos y las conductas de chequeo, y es que están directamente relacionadas. Y, ojo, porque, como nos dejemos llevar, podemos adentrarnos en una serie de comportamientos muy tóxicos.

Cuando nos acostumbramos a reducir el malestar acudiendo a este tipo de chequeos, lo que estamos haciendo es asociar que el malestar que provocan la incertidumbre y los celos se puede reducir comprobando que todo está bien. El problema es que esta dinámica crea adicción. **Verificar que todo va bien, al principio quizás nos calme unos días, pero si nos acostumbramos a recurrir a la comprobación, sentiremos que cada vez nos calmará menos, hasta percibir que el chequeo apenas nos calma unos segundos.** No es una buena herramienta de manejo de emociones.

¿Qué pensamientos pueden motivar los celos retrospectivos?

- «Mi pareja no me ofrece toda la atención que merezco».

Ojo, porque una de dos: o puede que tengas las expectativas demasiado altas con respecto a qué debería hacer tu pareja en la relación o puede que tu pareja no esté aportando lo que necesitas en la relación.

Para salir de dudas, yo siempre recomiendo hacer una lista de «mínimos exigibles» en una relación de pareja. ¿Qué es lo mínimo que necesitas para sentir que tu pareja está aportando a la relación lo que necesitas?

La diferencia entre los mínimos exigibles y las exigencias es que los mínimos exigibles son cosas básicas que la persona en cuestión debe evaluar si las necesita para que su relación sea plena. Las dimensiones que deben analizarse a la hora de hacer esta lista son las siguientes:

- La comunicación.
- El tiempo juntos.
- La afectividad.
- La sexualidad.
- La crianza de los hijos (si es que hay).
- La filosofía de vida en común.
- Los objetivos de vida en común.

A continuación tienes un ejemplo de cómo sería mi lista de mínimos exigibles:

- Comunicación. Especialmente necesito hablar las cosas cuando nos ocurre algo.
- Respeto. Es decir, no levantarnos nunca la voz (y si lo hacemos, saber parar y pedir disculpas), no insultarnos nunca y tener en cuenta las cosas que a la otra persona le puedan sentar mal.
- Empatía. Tener en cuenta los sentimientos del otro.
- Confianza para contar el uno con el otro.
- Sentir que estoy tranquila a su lado.
- Pasar tiempo juntos de calidad (al menos los fines de semana).
- Hablar todos los días, por mensajería, teléfono o en persona.
- Sentir que puedo contar con mi pareja, pase lo que pase. Sentir que está ahí.

Ahora es tu turno.

Mi lista de mínimos exigibles:

_____

_____

_____

_____

_____

_____

_____

_____

_____

- «Esto ya me ha pasado otras veces».

Si la persona que siente esos celos retrospectivos ha tenido experiencias negativas en anteriores relaciones de pareja, es un pensamiento muy recurrente en estos casos.

- «Mi pareja me engaña».

Luego tenemos las típicas frases que retroalimentan estos pensamientos (y que no suelen ayudar nada).

Hay tres a las que siempre les he tenido especial rabia:

- «Si el río suena, agua lleva».
- «Piensa mal y acertarás».
- «Hasta el más tonto hace relojes». Esta me la decía mi mejor amiga.

Cuando sospechaba que estaba con alguien que no me aportaba lo que yo consideraba que me tenía que aportar y eso se unía a comportamientos extraños como no responder a mis mensajes o evitar quedar conmigo, siempre sonaba con fuerza en mi cabeza una de esas frases.

Lo peor de todo es que le di a esas palabras un poder casi mágico. Cada vez que las pensaba, descubría una infidelidad o comprobaba que, efectivamente, mi pareja de aquel momento no me quería. Y, así, las asocié a emociones y conductas de los hombres con los que estaba. Parecía que nunca fallaba. «Piensa mal y acertarás» y, efectivamente, pensaba mal y acertaba. Pero ¿cuál era el problema exactamente? ¿No se supone que estas frases no ayudan? ¿No se supone que mi pareja no tiene por qué estar siéndome infiel? Claro que no, y te confieso que muchas veces, aunque creía estar segurísima de mis hallazgos, me equivocaba por razones obvias, y es que muy probablemente mis pensamientos fueran el resultado de procesar las cosas desde lo aprendido en mis vivencias.

Otras veces aparecía el fenómeno de la **profecía autocumplida**, que ocurre cuando algo que una persona piensa termina pasando porque sus actos, influidos por su idea, acaban influyendo también en el resultado. Aplicado a mi caso: temía que mi pareja se fuera con otra persona o dejara de quererme, con lo que, para que mi temor no se hiciera realidad, emitía un interés desmesurado en mi pareja, por ejemplo, haciéndole interrogatorios de una manera muy agresiva (dando por hecho que me había sido infiel), cosa que a mi pareja de aquel entonces le agobiaba y le hacía distanciarse de mí.

Sobra decir que, aunque la profecía autocumplida pueda suceder, no es explicación universal para que las parejas se distancien si hay celos de por medio.

Sin embargo, aun con todo esto de por medio, luego había otra cosa que añadía más leña al fuego, si cabe, y que no pude ver hasta más tarde, cuando inicié mi trabajo personal.

Con el tiempo, como ya has visto, me di cuenta de que casi había generado una superstición con esas frases y que, seguramente, no era a la primera ni a la última que le pasaba. Me di cuenta de que la mayoría de veces (las suficientes para reforzar mi superstición) no se trataba de lo que yo sentía o sospechaba, tampoco se trataba de si pensaba las frases o no; al fin y al cabo se trataba de con quién estaba y en qué tipo de perfiles solía fijarme en los hombres. Cuando estás con alguien que sí pero no, no es que una frase te vaya a aclarar las dudas, es que las dudas deberían estar aclaradas desde el principio. Te ahorras muchos problemas. Más adelante te hablaré de ese perfil en profundidad.

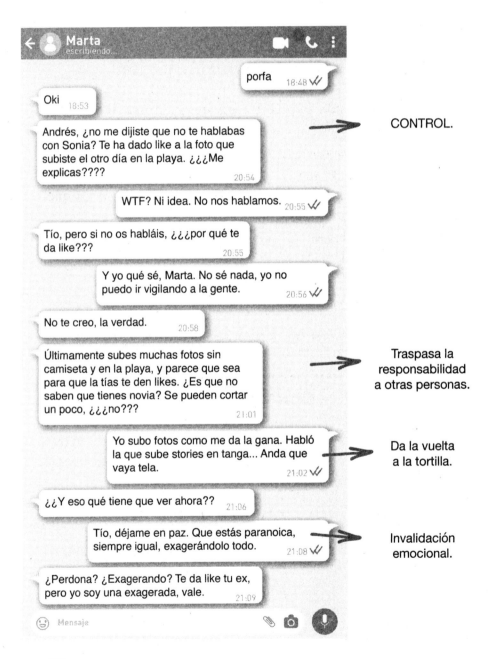

Marta
escribiendo...

porfa 18:48 ✓✓

Oki 18:53

Andrés, ¿no me dijiste que no te hablabas con Sonia? Te ha dado like a la foto que subiste el otro día en la playa. ¿¿¿Me explicas???? 20:54

CONTROL.

WTF? Ni idea. No nos hablamos. 20:55 ✓✓

Tío, pero si no os habláis, ¿¿¿por qué te da like??? 20:55

Y yo qué sé, Marta. No sé nada, yo no puedo ir vigilando a la gente. 20:56 ✓✓

No te creo, la verdad. 20:58

Últimamente subes muchas fotos sin camiseta y en la playa, y parece que sea para que la tías te den likes. ¿Es que no saben que tienes novia? Se pueden cortar un poco, ¿¿¿no??? 21:01

Traspasa la responsabilidad a otras personas.

Yo subo fotos como me da la gana. Habló la que sube stories en tanga... Anda que vaya tela. 21:02 ✓✓

Da la vuelta a la tortilla.

¿¿Y eso qué tiene que ver ahora?? 21:06

Tío, déjame en paz. Que estás paranoica, siempre igual, exagerándolo todo. 21:08 ✓✓

Invalidación emocional.

¿Perdona? ¿Exagerando? Te da like tu ex, pero yo soy una exagerada, vale. 21:09

Mensaje

¿Cómo puedes trabajar estos celos retrospectivos?

- Comenta con tu pareja, de manera asertiva, los problemas que estás teniendo con la gestión de esta emoción.
- Ponte en el lugar de tu pareja (practica la empatía).
- Practica la relajación física y la meditación para calmar los impulsos ante esos chequeos y conversaciones que parecen interrogatorios policiales.
- Piensa que todo el mundo, incluso tú, tiene un pasado emocional.
- Reflexiona sobre tus pensamientos.
- Busca ayuda profesional.

Cuando sientas celos, recuerda esto:

08

El perfil narcisista versus el perfil empático

No, no es una pelea ni una guerra de dos bandos, aunque bien podría serlo.

Como veíamos en capítulos anteriores, en prácticamente toda relación dependiente encontramos que, entre las personas implicadas, hay un marcado desequilibrio de roles, donde casi siempre una de ellas mantiene una actitud de dominancia y la otra una actitud de sumisión.

El problema de estas actitudes es que responden a perfiles con una atracción fatal entre ellos: los perfiles narcisistas y los perfiles empáticos; polos opuestos que se atraen y que son, a su vez, la combinación más tóxica que podamos ver dentro de una relación de pareja.

El **perfil narcisista** lo encontramos en personas que:

- Necesitan reforzar su autoestima basándose en la adulación de los demás.
- Necesitan gustar.
- Necesitan tener a otra persona a su «servicio» o pendiente de él/ella.
- Al principio muestran un «yo falso» para atraer.
- Muy dados al *ghosting*.
- Suelen recurrir a la manipulación.
- Hacen sentir culpable a la otra persona, aunque sean ellas quienes han cometido el error.
- Nunca reconocen errores, y si lo hacen, siempre encontrarán la manera de repartir responsabilidades con los demás.
- Cuando se les plantean diversas soluciones, reconocen cuantísimas veces lo han intentado hacer de esa misma manera, y no ha funcionado por algún factor ajeno a ellas (nunca nada es culpa suya).
- Es posible que nunca llegues a formar parte de su entorno (amigos, familia, etc)..
- Para el resto de personas son perfectas. Intachables. Tienen dos caras. De puertas para fuera muestran su mejor faceta, la de una persona amable, simpática y seductora. En cambio, en su intimidad, pueden llegar a ser muy diferentes.
- Suelen llevar a cabo el «juego del castigo y el arrepentimiento», cuyas consecuencias son la anulación de la otra persona y que esta se limite a respetar sus reglas. A su vez, la víctima suele ser incapaz de alejarse, dada la baja autoestima que le queda.
- Tienen una alta probabilidad de idolatrar a sus parejas cuando ya no están con ellas (ex fantasma).

- Siempre vuelven a «ganar» o a atraer a la otra persona haciendo lo que saben que le gusta: diciéndole cosas bonitas, haciendo algo «bien», etc.
- Si la persona empática se da cuenta de que sus necesidades afectivas, deseos e ilusiones también son importantes y se lo hace saber, la persona narcisista la tachará de egoísta.
- Usan el victimismo manipulador.

Frases típicas de personas con perfil narcisista:

«Sé que no soy perfecto. Quiero cambiar».

Aclaración de conceptos:

- VÍCTIMA: persona que sufre un daño físico o emocional por causa ajena.
- VICTIMISMO: persona que tiende a percibirse como víctima.
- VICTIMISMO MANIPULADOR: estrategia de manipulación y abuso emocional en la cual la persona se percibe como víctima y así lo hace constar a los demás, juzgándolos como culpables de su sufrimiento.

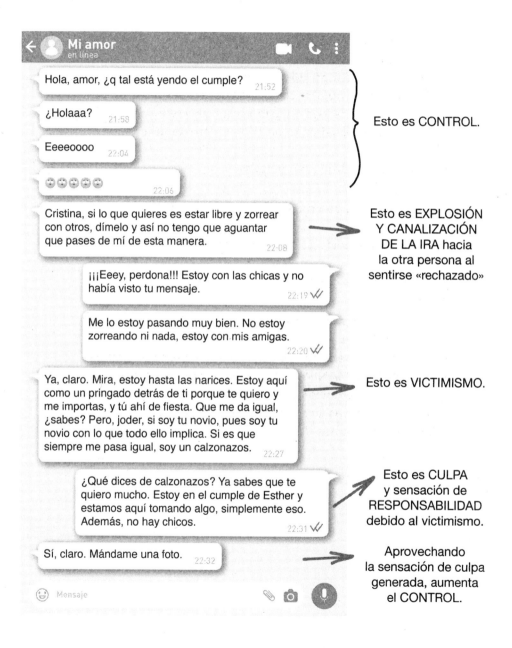

Mi amor
en línea

Hola, amor, ¿q tal está yendo el cumple? 21:52

¿Holaaa? 21:58

Eeeeoooo 22:04

😊😊😊😊😊 22:06

Esto es CONTROL.

Cristina, si lo que quieres es estar libre y zorrear con otros, dímelo y así no tengo que aguantar que pases de mí de esta manera. 22:08

Esto es EXPLOSIÓN Y CANALIZACIÓN DE LA IRA hacia la otra persona al sentirse «rechazado»

¡¡¡Eeey, perdona!!! Estoy con las chicas y no había visto tu mensaje. 22:19

Me lo estoy pasando muy bien. No estoy zorreando ni nada, estoy con mis amigas. 22:20

Ya, claro. Mira, estoy hasta las narices. Estoy aquí como un pringado detrás de ti porque te quiero y me importas, y tú ahí de fiesta. Que me da igual, ¿sabes? Pero, joder, si soy tu novio, pues soy tu novio con lo que todo ello implica. Si es que siempre me pasa igual, soy un calzonazos. 22:27

Esto es VICTIMISMO.

¿Qué dices de calzonazos? Ya sabes que te quiero mucho. Estoy en el cumple de Esther y estamos aquí tomando algo, simplemente eso. Además, no hay chicos. 22:31

Esto es CULPA y sensación de RESPONSABILIDAD debido al victimismo.

Sí, claro. Mándame una foto. 22:32

Aprovechando la sensación de culpa generada, aumenta el CONTROL.

Mensaje

157

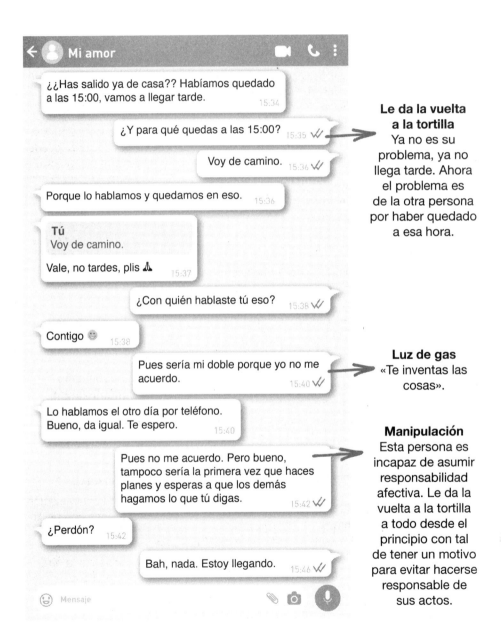

Mi amor

¿¿Has salido ya de casa?? Habíamos quedado a las 15:00, vamos a llegar tarde. 15:34

¿Y para qué quedas a las 15:00? 15:35

Voy de camino. 15:36

Porque lo hablamos y quedamos en eso. 15:36

Tú
Voy de camino.

Vale, no tardes, plis 🙏 15:37

¿Con quién hablaste tú eso? 15:38

Contigo 😊 15:38

Pues sería mi doble porque yo no me acuerdo. 15:40

Lo hablamos el otro día por teléfono. Bueno, da igual. Te espero. 15:40

Pues no me acuerdo. Pero bueno, tampoco sería la primera vez que haces planes y esperas a que los demás hagamos lo que tú digas. 15:42

¿Perdón? 15:42

Bah, nada. Estoy llegando. 15:46

Mensaje

Le da la vuelta a la tortilla
Ya no es su problema, ya no llega tarde. Ahora el problema es de la otra persona por haber quedado a esa hora.

Luz de gas
«Te inventas las cosas».

Manipulación
Esta persona es incapaz de asumir responsabilidad afectiva. Le da la vuelta a la tortilla a todo desde el principio con tal de tener un motivo para evitar hacerse responsable de sus actos.

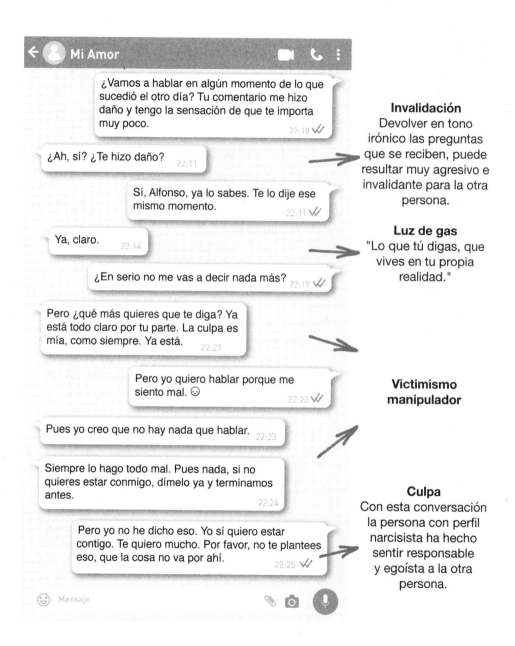

Mi Amor

¿Vamos a hablar en algún momento de lo que sucedió el otro día? Tu comentario me hizo daño y tengo la sensación de que te importa muy poco. 22:10

¿Ah, sí? ¿Te hizo daño? 22:11

Sí, Alfonso, ya lo sabes. Te lo dije ese mismo momento. 22:11

Ya, claro. 22:14

¿En serio no me vas a decir nada más? 22:19

Pero ¿qué más quieres que te diga? Ya está todo claro por tu parte. La culpa es mía, como siempre. Ya está. 22:21

Pero yo quiero hablar porque me siento mal. ☹ 22:23

Pues yo creo que no hay nada que hablar. 22:23

Siempre lo hago todo mal. Pues nada, si no quieres estar conmigo, dímelo ya y terminamos antes. 22:24

Pero yo no he dicho eso. Yo sí quiero estar contigo. Te quiero mucho. Por favor, no te plantees eso, que la cosa no va por ahí. 22:25

Mensaje

Invalidación
Devolver en tono irónico las preguntas que se reciben, puede resultar muy agresivo e invalidante para la otra persona.

Luz de gas
"Lo que tú digas, que vives en tu propia realidad."

Victimismo manipulador

Culpa
Con esta conversación la persona con perfil narcisista ha hecho sentir responsable y egoísta a la otra persona.

Por el contrario, el **perfil empático** lo encontramos en personas que:

- Reconocen, comparten y comprenden las emociones de los demás.
- Tienen la tendencia a cargar con responsabilidades ajenas.
- Quieren ayudar y acompañar en la estabilidad emocional.
- Trabajan y se esfuerzan en mejorar ellas mismas y la relación, todo lo que pueden y más (sacrificio).
- Muestran su apoyo incondicional.
- Tienen la tendencia a entender que todos somos humanos, que todos tenemos defectos.
- Están dispuestas a ser pacientes con el crecimiento personal de otra persona.
- Tienen la ilusión de que todo cambie en la relación.
- Tienden a la codependencia. Tienen lo que yo llamo complejo de satélite:

Complejo de satélite

QUE TU VIDA GIRE EN TORNO A UNA PERSONA Y DEPENDA DE LO QUE ESTA HAGA, PIENSE O SIENTA.

Frases típicas de una persona con perfil empático:

«Yo sé que mi pareja no es así».
«Si solo me escuchara más, sé que todo sería diferente».
«Yo haré que cambie y todo vuelva a ser como antes».

Lara, por ejemplo, era una chica de perfil empático que mantenía una relación con Fernando, un chico con un perfil narcisista.

Lara vino a mi consulta llorando:

—María, yo sé que él me quiere, porque, si no, ¿por qué me habría dejado romper con mi expareja? Lo hablamos y dijimos que ambos dejaríamos nuestras correspondientes relaciones. Él me ha demostrado durante todo este tiempo que de verdad tiene interés por mí. Hemos estado hablando y quedando prácticamente todos los días desde que nos conocimos. Lo que no entiendo es por qué él sigue con su pareja después de tanto tiempo. Hay veces en las que se enfada y pasa de mí porque dice que le agobio, pero luego volvemos a hablar, quedamos y parece que todo es como antes. Me voy a volver loca. Él antes no era así.

Lara era una mujer de unos 30 años con pareja y sin hijos, que había mantenido una relación en secreto durante tres años con Fernando, un hombre de 34 años, casado y con dos hijos. Cuando se conocieron, ambos tenían pareja. Sabían que aquello no estaba bien, pero se dejaron llevar por la pasión y terminaron enamorándose. Tras un año jugando a dos bandas, hablaron. Decidieron que lo mejor era dejar a sus respectivas parejas para poder estar juntos. Tras esta conversación, Lara, que fue fiel a su promesa, dio inmediatamente el paso de dejar a su pareja para poder estar con Fernando. Sin embargo, Fernando no cumplió con su palabra. De esto hace ya dos años.

Entenderás que no entre a valorar si lo que hicieron Lara o Fernando con sus correspondientes parejas está bien o no porque el caso a tratar no es ese y mi trabajo no consiste en juzgar.

Durante esos dos años, Lara esperó pacientemente a que Fernando diera el paso. Entendía que aquello le llevara más tiempo que a ella, dada su situación familiar.

Mientras tanto, según me contaba Lara, Fernando se escudaba en las siguientes excusas:

- «Estoy mal con mi mujer, por eso quiero estar contigo, pero aún no sé cómo hacerlo».

Traducción: Estoy mal con mi mujer y posiblemente quiero dejarla, pero no me atrevo, así que, como es más cómodo estar con las dos, prefiero seguir con las dos, dado que eso no me supone tener que enfrentarme a un mal trago. Además, es más fácil pasar de Lara, a quien, si no quiero ver, lo tengo fácil, que pasar de mi mujer, con quien vivo bajo el mismo techo.

Apunte: una cosa es no saber cómo hacerlo y otra es no hacerlo. Si el problema al que alude Fernando es cierto, puede acudir a un profesional para que le ayude a gestionar la situación. Lo que no es justo para Lara (ni siquiera para la mujer de Fernando) es alargar la agonía.

- «Estoy agobiado y, en cuanto me preguntas, me siento presionado y eso hace que me agobie más. Necesito mi tiempo. Por favor, deja de preguntarme».

Traducción: La culpa de que no dé el paso es tuya por preguntarme. Si no me preguntaras, yo no me agobiaría y daría el paso más rápido. No estamos juntos porque no quieres.

Apunte: Lara tiene todo el derecho a preguntar sobre algo que ambos han pactado previamente. Fernando está dándole la vuelta a la tortilla para tener una excusa con la que enfadarse con Lara, y Lara, por ende, sentía que estaba haciendo algo mal.

Recordemos que Lara estuvo recibiendo estas excusas durante dos años. No semanas ni meses, sino nada menos que dos años. Esto es importante porque, aunque quienes trabajamos las relaciones de pareja entendemos que las situaciones emocionales que describe Fernando se puedan dar, dos años de espera y la forma que tiene de afrontar el problema y comunicar las cosas son un abuso por su parte.

- «Mis hijos te echan de menos».

Traducción: Hola, soy el perro del hortelano, que ni como ni dejo comer. No quiero que me dejes, así que voy a ver si te ablando el corazón usando a mis hijos, y así tengo una excusa para seguir manteniendo el contacto y que no me dejes.

- «No puedo hacerles esto (separarme de mi mujer) a mis hijos».

Traducción: ¿Te acuerdas de lo de usar a mis hijos para debilitar esos límites que me estabas empezando a marcar? Pues ahora uso la misma excusa para que entiendas por qué no dejo a mi mujer. ¿Vas a anteponer tus necesidades en la relación por encima de unos niños? Qué egoísta eres, ¿no?

Apunte: para que te sitúes. Lara conocía a los hijos de Fernando en modo «amiga». De todas formas, los hijos, en común o no, nunca han de utilizarse para resolver los problemas de una relación de pareja entre dos adultos.

- «Vamos a estar sin hablar un tiempo, ¿te parece? A ver si así tanteo el terreno y por fin doy ese paso».

Traducción: me apetece pasar de ti un tiempo, pero como estoy en un lío impresionante y no me atrevo a dejarlo contigo por si eso me trae más problemas, te suelto esta milonga.

- «Mira, ya está, lo he decidido. Te quiero a ti. Eres la mujer de mi vida y tengo que dar este paso. He sido un mierda todo este tiempo. Siento haberte hecho tanto daño. Lo siento mucho. Te quiero».

Traducción: lo que siento y pienso es real y en este momento de verdad que me gustaría todo esto a mí, egoístamente hablando e ignorando todo por lo que tú estás pasando.

Apunte: creo que Fernando en este momento, y recalco, solo en este momento, dice la verdad. Y creo que eso es así porque mientras lo dice es posible que así lo sienta (las personas con un perfil narcisista no carecen de emociones). Nunca pongo en duda lo que sienten las personas (y creo que nadie debería entrar a valorar si lo que se siente es verdad o no), así que, sí, creo que probablemente Fernando quiera a Lara, pero la realidad, y mirando más allá, es que en términos generales la quiere a su manera, una manera muy disfuncional, porque no hay sintonía entre lo que dice, lo que siente y lo que hace, y eso hace daño a Lara porque motiva su incertidumbre con respecto a la relación. Fernando no llega a comprender el daño que su actitud puede estar haciéndole a Lara. No es capaz de tener un mínimo de empatía por ella. Fernando tiene un perfil narcisista y los perfiles narcisistas, dentro de su lógica, procesan las cosas de manera diferente a los perfiles empáticos. Por eso, viéndolo desde fuera, hay cosas que a los perfiles empáticos no les suele cuadrar porque intentan entenderlo desde su punto de vista empático. Aunque para un perfil narcisista todas estas respuestas tengan su lógica, si intentamos procesar desde un perfil empático aquello que procesa un perfil narcisista, no encontraremos la lógica por ninguna parte. Hacer esto sería como intentar que un triángulo y un círculo coincidieran en forma. Y esa es la lógica que no encuentra Lara; de ahí la sensación que describe de «estar volviéndose loca».

Los perfiles empáticos y narcisistas no se dan solo cuando interaccionan entre ellos, vienen ya curtidos de casa (recordemos de nuevo la importancia de la historia personal). Al final de este libro lograrás unir todos estos conceptos cuando te hable de la teoría del apego.

—Yo sé que Fernando me quiere —me decía entre lágrimas—. Solo necesito que me escuche y me entienda.

—Lara, eso sería ideal —le respondí en una de nuestras sesiones—. Creo que escucharte te escucha, pero no te entiende. Es diferente.

Finalmente, dado que Fernando seguía en sus trece, Lara fue quien tuvo que mover ficha de nuevo. Tras varios meses de terapia, se dio cuenta de que no tenía más remedio que ponerle límites muy marcados a Fernando y ser fuerte. Muy muy fuerte.

Trabajamos concretamente en una idea a partir de la cual ella reflexionaría sobre a la situación:

«Fernando, te quiero y lo he dado todo por esta relación y por ti, pero me he dado cuenta de que no podemos seguir así y de que esto no nos lleva a ningún lado. Todo es muy confuso y yo no hago más que sufrir. Por ello, y visto que tú no vas a cambiar de parecer aún con todas las oportunidades que nos hemos dado, he decidido que dejo la relación definitivamente».

Como ves, aquí no se le da pie a nada a Fernando. Si en lugar de este mensaje tan claro y rotundo, hubiéramos dado este, más empático:

«Fernando, te quiero y lo he dado todo por esta relación y por ti, pero me he dado cuenta de que no podemos seguir así y de que esto no nos lleva a ningún lado. Todo es muy confuso y yo no hago más que sufrir. Por ello, **me gustaría saber si vas a cambiar de parecer** porque, de no ser así, me gustaría dejar la relación definitivamente».

Le habríamos dado a Fernando sin querer la oportunidad de decir que quiere estar con Lara y que quiere volver a intentarlo por última vez (aunque esta excusa la haya usado mil veces antes).

Límites

Te voy a explicar el rechazo y los límites a los demás con peras.

Imagina que alguien te ofrece comer las mejores peras del mundo. Sin embargo, a ti no te gustan las peras, prefieres las manzanas. Así que decides rechazar las peras. No pasa nada malo con las peras, solo las rechazas porque prefieres las manzanas. Las peras siguen siendo geniales. Seguro que otra persona se las comerá, pero, en este caso, tú prefieres las manzanas.

Moraleja 1: si alguien te rechaza alguna vez, el problema no está en ti.

Moraleja 2: tienes derecho a rechazar y poner límites a alguien sin miedo a ofender.

Así que, tanto si te rechazan o te ponen límites alguna vez como si lo haces tú, me gustaría que entendieras que estos conceptos no tienen nada que ver con la valía personal de cada uno. Entender esto es importante porque, por una parte, cuando lo hacemos con los demás, podemos sentirnos culpables, y cuando nos lo hacen, podemos sentir que no somos merecedores de algo bueno. Pero ya sabes, nada más lejos de la realidad. Así que, si has decidido poner límites a algo o a alguien (un límite al fin y al cabo es un «no»), tienes que ser consciente de que estás en tu derecho de hacerlo y de que, siguiendo la metáfora, solo eres una persona que empieza a preferir las manzanas.

Si después de leer el capítulo anterior te identificas con el perfil empático, quiero que sepas que la única forma de mantener un equilibrio sano con las personas con perfiles narcisistas es poniendo límites claros y asertivos desde el principio. A Lara no le tocó más remedio que poner un límite definitivo, dado que Fernando no respetaba los límites de Lara y Lara también los pasaba por alto bajo el pretexto del amor (recordemos el mito del amor romántico de «el amor todo lo puede»). Lara pensaba que el amor haría cambiar a Fernando.

Si tú no te encuentras en este punto, mi consejo es que empieces a poner límites desde ya en aquellas cosas que consideres.

Aquí te dejo algunos ejemplos de límites comunicados de una manera asertiva:

«No te voy a dar mis contraseñas ni tampoco te dejaré mirar mi móvil. Tener intimidad es importante para las personas y me gustaría que en esta relación eso lo respetáramos».

«Me encantaría ir hoy a ese restaurante que dijimos, pero no me encuentro bien anímicamente y preferiría quedarme en casa. La semana que viene podemos planificarlo de nuevo».

«Creo que esta conversación se nos está yendo de las manos porque estamos empezando a alzar la voz. Voy a salir unos minutos a tomar el aire. Si te parece bien, luego podemos retomar la conversación más tranquilos/as».

«Para mí, quedar con mi familia y amigos/as es importante y creo que en toda relación es necesario un espacio individual».

«Agradezco mucho tu opinión, pero he estado pensándolo mucho y creo que lo mejor para mí es X».

«Me gustas mucho, pero no me siento cómodo/a haciendo *sexting* o mandándote *nudes*».

«Esto que estás diciendo para mí no es ninguna broma porque me ofende y me gustaría que no se repitiera».

«Me encantaría que, cuando estemos juntos, no estemos pendientes del móvil o la tele y disfrutemos del momento».

«Para mí, usar preservativo no es algo negociable. Quiero hacerlo con condón y, si no es así, prefiero no hacer nada».

Si, tras la descripción de estos perfiles, crees que coincides con el perfil narcisista, quiero que sepas que no te culpo. Esto no va de buenos y malos. Es necesario aclararlo porque mucha gente considera que tener un perfil narcisista es ser mala persona y tener uno empático es ser buena persona.

Mi trabajo como psicóloga no consiste en decir quién es bueno y quién es malo o lo que está bien y lo que está mal, consiste en diferenciar lo que es funcional de lo que no. Todo comportamiento, pensamiento, emoción o actitud responde, una vez más, a una historia personal, entre otras cosas. Nadie elige al cien por cien lo que le pasa en la vida, en especial durante nuestra infancia. Nadie nace eligiendo padres ni lugares del mundo donde nacer o culturas en las que crecer. Nadie. Por eso considero que **todo tiene siempre una explicación, porque todo tiene un origen y una historia, pero también creo que no todo puede ser justificado**.

Seguramente hayas tenido un pasado que explique el porqué de tu actitud. Pero eso no quita que tengas que cambiar ciertas cosas en tu comportamiento dentro de las relaciones de pareja y aprender que tú no eres el dueño de ninguna relación de pareja y que tienes que deconstruir muchas creencias sobre el amor y respetar ciertos límites.

Es cierto que hasta el momento he hablado del perfil narcisista como si fuera en una sola dirección, pero lo he hecho en términos generales porque, poniéndome exquisita, tendría que decir que hay muchos tipos, y según el tipo y las características que lo definen, pueden variar su capacidad de conciencia sobre las cosas que hacen (los hay que denotan perversión en las cosas que hacen y dicen). También hay perfiles narcisistas que poseen, además, una grave psicopatía (rasgo que, según investigaciones, no tendría tanto que ver con el entorno y la historia personal, sino que sería más una cuestión biológica). También hay personas con perfiles narcisistas que pueden tener un trastorno de la personalidad narcisista (es un diagnóstico clínico que, aunque comparte rasgos parecidos a los descritos, su conjunto de síntomas es mucho más complejo e incluso grave en algunos casos), pero también, dentro de esta variabilidad, los hay cuyas actitudes son algo más moderadas.

Es todo mucho más complejo de lo que parece.

Desde mi experiencia puedo decir que estos perfiles más moderados suelen tener mejor pronóstico en terapia y poseen cierto interés en conocer otras formas de actuar, además de mantener en el tiempo su interés por cambiar (es lo que conocemos como el perfil narcisista clásico). Quizás nunca terminen de entender realmente a su pareja, pero, una vez que entienden la lógica que hay detrás de las relaciones, aprenden a lanzar otro tipo de comentarios muy diferentes a los que Fernando le hacía a Lara y entienden que, a veces, es importante ver más allá de su ombligo.

No me gustaría que entendieras esto como un mensaje de esperanza hacia todos los casos y situaciones. Muchas veces la esperanza de cambio es lo que mantiene a la persona con perfil empático en la relación. No sé cuál es tu caso, pero quiero que sepas que, **aunque las personas podemos cambiar, el cambio no se da con solo quererlo. Una cosa es querer, otra cosa es poder. Y créeme, el amor, aunque es condición necesaria, no es condición única para querer o poder.**

Si tras leer este apartado, consideras que coincides más con un perfil empático, quiero que sepas que, a veces, lo único que te queda es colocar el mayor límite que puede haber en una relación de pareja: la ruptura.

09

La ruptura dependiente

Las rupturas dependientes no son rupturas normales. Tampoco los duelos son normales. Todo es mucho más difícil. Todo. Cuesta lo inimaginable solo el hecho de pensar que la mejor decisión para todos es romper la relación. Y, no te voy a mentir, este camino es doloroso, pero ¿qué hay más doloroso que estar con alguien que no te hace plenamente feliz? A la larga entiendes que lo que ahora tienes y que solo es bueno a ratos no es amor, y no es amor porque el amor del bueno, el de verdad, todavía no lo has conocido; y, créeme, lo conocerás, lo disfrutarás y por fin sabrás lo que se siente al vivirlo en primera persona, porque algo dentro de ti, muy dentro, intuirá que ese sentimiento sí es un hogar del que, sin lugar a dudas, nunca querrás marcharte.

Una vez que tomas la decisión de cortar por lo sano, tienes que tener en cuenta que ya no hay marcha atrás; por eso tienes que estar muy seguro de lo que vas a hacer. No te pido que estés cien por cien seguro y que en esto solo mande tu razón porque sé que es imposible, pero al menos tienes que tener muy claros los motivos de la ruptura. Mi consejo es que reflejes por escrito aquellos costes y beneficios de mantener y cortar la relación; con ello ayudarás a tu cerebro a entender bien la situación en la que estás y a ver las cosas de manera más clara.

BENEFICIOS DE MANTENER LA RELACIÓN	COSTES DE MANTENER LA RELACIÓN
BENEFICIOS DE CORTAR LA RELACIÓN	COSTES DE CORTAR LA RELACIÓN

No te aseguro que tras este ejercicio tengas superclaro lo que quieres hacer con tu relación, pero ver las cosas por escrito siempre ayuda y, además, es un nivel de procesamiento cognitivo superior.

Yo siempre digo que hay tres niveles de expresión que van desde el más básico al más complejo.

Niveles de expresión:

- **Nivel 1**: pensar. Este es el nivel más básico de procesamiento. En este nivel, cuando las cosas a procesar son complejas, parece que solo dan vueltas y vueltas por nuestra mente, sin parar. Muy probablemente se queden ahí, como si se hubieran perdido por el espacio y sin rumbo.
- **Nivel 2**: hablar. En este nivel, el cerebro requiere algo más de energía para procesar las cosas. Necesita dar orden y coherencia al discurso para que el interlocutor entienda qué queremos decir. ¿Nunca te ha pasado estar pensando en algo y que al decirlo pierda automáticamente todo el sentido? Hay cosas que parece que suenan mejor, más catastróficas o imperantes en nuestra cabeza.
- **Nivel 3**: escribir. Este es un nivel de consciencia superior. Para poder escribir necesitamos gastar más energía y recursos cognitivos. Necesitamos que tenga una forma más perfecta que cuando pensamos o hablamos. Esto, aplicado a las emociones y los pensamientos, hace que lo pensado y sentido pueda entenderse mejor, no solamente por lo que conlleva expresarlo y plasmarlo, sino por la impresión que nos invade a golpe de vista, una vez que lo hemos reflejado todo.

¿Recuerdas cuando de pequeños nos ponían problemas de matemáticas que leíamos y releíamos cuatro, cinco o seis veces y seguíamos sin entender? Mientras escribo esto siento como si aún estuviera en aquella aula de primaria intentando comprender qué diantres me pedía aquel cuaderno. ¿Cómo que la hermana mediana es tres años menor que Manuel y este duplica la edad del pequeño Juan, que tiene siete años? Recuerdo que, al pedir ayuda a mi profe, esta me decía: «A ver, léelo en voz alta», y yo, toda motivada leía el problema delante de toda la clase. A veces, tras leerlo en voz alta decía: «Aaah, ya sé, ya sé». ¿Por qué? ¿Qué había pasado ahí? Muy probablemente, hasta el momento, mi cerebro había estado dando vueltas a lo mismo sin éxito, pero en cuanto ese contenido lo «materializaba» con la expresión oral, mi cerebro tenía que gastar necesariamente más recursos en la acción. Lo mejor de todo venía cuando, aun ni así, entendía lo que el dichoso problema me estaba pidiendo hacer. En ese momento, mi profesora me sacaba a la pizarra para ir paso a paso, haciendo incluso dibujos esquemáticos de lo que el problema iba diciendo. De nuevo, a más recursos necesarios, más actividad cerebral y, por ende, más comprensión del tema. Una vez que tenía todo el problema dibujado con esquemas, entendía lo que había que hacer y llegaba rápido a la respuesta.

La decisión intuitiva

Con nuestras movidas emocionales pasa lo mismo. Cuanto más las pensamos, menos soluciones encontramos; es más, nos puede ocurrir todo lo contrario: podemos llegar a entrar en un bloqueo mental llamado **parálisis por análisis**.

La parálisis por análisis es un fenómeno que nos ocurre más de lo que desearíamos. Cuando le damos vueltas a lo mismo una y otra vez, sin parar, llega un momento en el que el cerebro se obsesiona con esas ideas y nosotros petamos, literalmente. Durante ese bloqueo mental, pueden aparecer incluso síntomas de ansiedad, como sensación de ahogo, dolor de pecho, dolor de cabeza y náuseas, entre otros. Es como si, entre esas ideas, recuerdos o predicciones el cerebro se perdiera y deambulara sin encontrar la salida. Cuando al cerebro le pasa eso, se queda sin mecanismos de defensa que activar. El cerebro entiende que no encontrar soluciones equivale a que no existen otras opciones posibles. Entonces llega el bloqueo.

¿Cómo podemos, entonces, llegar a conclusiones acertadas sin caer en esa parálisis por análisis? La otra opción sería actuar a través de la emoción, pero actuar a través de las emociones, casi siempre es un error, dado que son cambiantes y van y vienen y muchas veces son las causantes de las conductas impulsivas. Como decía Punset, **tenemos que actuar por intuición**, aquello que demuestra ser una mezcla entre la razón y la emoción.

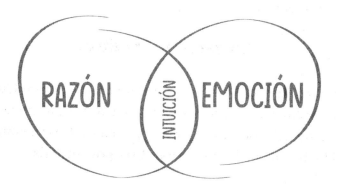

La intuición es el conocimiento que no solo sigue un camino racional para su construcción y formulación. Es la habilidad para conocer, comprender o percibir algo de manera clara e inmediata.

En las ramas sanitarias hablamos mucho del «ojo clínico». El ojo clínico podría ser un buen ejemplo de intuición.

Otro buen ejemplo de esto de decidir por intuición es el de casarse (sé que es todo lo contrario a lo que intentamos trabajar, pero creo que con esto verás de manera clara a qué me refiero cuando hablo de intuición).

Si casarse fuera algo que se decidiera solo mediante la razón y la lógica, tendríamos decenas de motivos por los que no casarnos nunca, dado que hay muchas cosas que podrían salir mal. Si, por el contrario, fuera algo que se decidiera solo desde la emoción, nos casaríamos al tercer día de conocer a la pareja. Sin embargo, las personas en su mayoría nos casamos por intuición. Hay algo que les dice que podría salir bien. Y lo hacen (otra cosa es que luego haya personas que no sepan cómo manejar una relación, pero eso es otro asunto).

¿Y esto de decidir intuitivamente cómo se hace? Para llegar a una conclusión de lo más acertada, no es necesario darle vueltas y vueltas y vueltas eternas en la cabeza, basta con darle un par de vueltas mentales, un par más de vueltas orales y otras cuantas más escritas (e incluso dibujadas, un nivel aún más superior). Una vez que hayamos dado todas esas vueltas, dejamos el tema por unos días, distraemos la mente y hacemos cosas que nos hagan sentir bien: quedamos con amigos, practicamos nuestros *hobbies*, nos damos largas duchas, paseamos, corremos, nos masturbamos, reímos, lloramos e incluso trabajamos. Y, de repente, un día sin más, lo veremos claro. Así funciona nuestra cabeza.

Podría describir la sensación de verlo claro como algo que simplemente «se sabe». No es un pensamiento, tampoco es una emoción; es una sensación. Quienes habéis trabajado vuestra intuición y estáis conectados con ella sabréis a qué me refiero. Si tras este proceso de toma de decisiones comenzáis de nuevo a darle vueltas al mismo tema, habréis ignorado a vuestra intuición, y de nuevo la razón se habrá apoderado de vosotros, con las consecuencias que ello conlleva. Por eso, una vez tomada la decisión intuitiva, mi recomendación es hacer una lista de todos aquellos motivos que nos han llevado a tomar esa decisión y no otra.

EJERCICIO:

Haz una lista de todos los motivos por los que decides dejar la relación.

La idea es que la tengas muy presente todo el tiempo. Para ello te recomiendo llevarla siempre encima. Si la haces en papel, la puedes doblar y llevarla en el bolso, entre las páginas de tu agenda o en tu cartera. Si la haces en formato electrónico, puedes llevarla en tu móvil. Más adelante te explicaré por qué esto es extremadamente necesario.

Importante: no confundas intuición con ansiedad o miedo. Solemos hacerlo dado que interpretamos las señales físicas de ansiedad o miedo como señales de la intuición, pero no hay nada más lejos de la realidad. Algunas personas describen la intuición como «una sensación en el estómago o en el pecho», pero recuerda que uno de los síntomas de la ansiedad es precisamente la sensación de vacío, la presión en el pecho, las dificultades para respirar, los problemas digestivos o la sensación de nudo en el estómago.

Te voy a explicar por qué sucede esto. Cuando piensas en tomar una decisión que puede afectar a tu futuro, intentas decidir en base a lo que crees que pasará. Aquí, tu cerebro activa un mecanismo llamado «anticipación», que consiste en intentar visualizar lo que puede estar por venir. Este mecanismo viene motivado por el miedo a lo desconocido (el futuro). El cerebro, como si tuviera vida propia, dice: «Ey, ¿cómo que no sé qué pasará en el futuro? ¿Y ahora cómo sé yo cómo tengo que estar preparado para lo que pueda pasar? ¿De qué manera podría controlar yo entonces mi entorno? ¡Ah, ya sé! Voy a anticipar, pero lo haré de manera negativa y catastrófica, por si acaso. Siempre hay que estar preparado para lo peor». Y así, es como tu cerebro intenta ahorrarte la exposición a un posible dolor o sufrimiento. Ante esto, aparece la ansiedad, que no es más que una respuesta física y mental a esas anticipaciones catastróficas y negativas que hace el cerebro. Esta forma de procesar las cosas que tiene el cerebro, aunque es fruto de un procesamiento racional, puede estar distorsionado por ciertas creencias irracionales; por ejemplo, puedo creer con mucha fuerza que mi pareja está siendo infiel sin haber absolutamente nada empírico que me lo demuestre más que mi propia sospecha y las interpretaciones que hago de lo que mi pareja hace o dice (recuerda lo del triángulo y las movidas que hace el cerebro con las interpretaciones).

«¿Y si acierto en lo que va a pasar?», te estarás preguntando. Acertar en una de las muchas opciones anticipadas no es fruto de la intuición, sino de la ansiedad y el miedo responsable de esa anticipación. Tampoco acertar en lo que va a pasar en el futuro es tener un «sexto sentido», ya que puede ser pura probabilidad. Por ejemplo, si piensas en 37 posibilidades, no es raro que aciertes en una, ya que, a más posibilidades anticipadas, más probabilidades de acertar.

Cuando quieras diferenciar si lo que sientes es ansiedad o intuición, piensa que la intuición...

... no es fruto de la razón ni de creencias irracionales.
... no viene de tus conocimientos pasados o tus experiencias.
... no te dice qué camino NO tomar, sino qué camino SÍ tomar (no evita, motiva).
... no viene acompañada del miedo.
... no viene por necesidad de conocer el futuro.

El punto y final

No, cuando el vínculo en una relación es dependiente, nunca hay un punto y seguido o un punto y aparte. Siempre ha de ser un punto y final. Siempre. Una pareja que ha mantenido una relación dependiente seguirá manteniendo una relación dependiente pase el tiempo que pase y tome la forma que tome.

¿Puedo mantener una relación de amistad con mi ex? ¿Y una relación de follamigos/as?

Rotundamente no. Ni una opción ni otra.

Cuando rompemos una relación de pareja, nos planteamos estas posibilidades porque creemos que es mejor tener al menos una amistad o un encuentro sexual de vez en cuando que no tener nada. Y, bueno, esto podría ser viable si tuvieras una relación de pareja sana. Pero tú no tienes una relación de pareja sana porque, si no, no estarías leyendo este libro.

La amistad tras una relación de pareja tóxica no existe. Las amistades son apoyos emocionales que requieren confianza y cuidado mutuo. Piensa que no has tenido nada de eso, al menos de manera estable, en lo que ha durado la relación. ¿Por qué tras la ruptura sí lo ibas a tener? Por otra parte, y si fuera el caso, alguien con quien solo quedas para tener relaciones sexuales no es una amistad. Lo que nos lleva al siguiente punto.

Hay quien defiende las quedadas con la expareja para tener sexo porque es lo único bueno que tenían en la relación. A lo que yo comento que, si ya de por sí resulta difícil separar el acto sexual de las emociones, imagínate si encima estos encuentros son con una expareja con la que mantienes un vínculo tóxico.

El vínculo dependiente siempre existirá entre vosotros/as. Da igual el tiempo que pase. Una vez que dos personas han apren-

----

dido a relacionarse entre ellas, ese aprendizaje queda grabado para siempre, tome la forma que tome la relación.

Si lo intentas porque de alguna manera sigues creyendo que esto no te pasará a ti o que lo vuestro es diferente o especial, te auguro que es muy probable que caigas en la trampa del ciclo de la ruptura dependiente (la veremos desarrollada más adelante).

Sé que todo esto suena radical, pero te aseguro que no lo es. He visto parejas que han intentado ser «amigos» después de su ruptura y lo único que han hecho ha sido terminar peor de lo que estaban y alargar más el sufrimiento. Las personas con relaciones dependientes nunca podrán ser amigos si se separan.

Sé que ahora mismo esto puede generarte cierto escepticismo. Y lo sé porque yo, como ya sabes, también estuve en tu lugar hace unos años. Cada vez que un hombre me hacía sentir humillada, me enfadaba y pensaba en lo poco que me merecía aquel trato. Sin embargo, a pesar de sentirme una mierda, era incapaz de desengancharme de aquellas historias que, una por una, fueron consumiéndome emocionalmente hasta creer que no era una persona digna y merecedora del amor de los demás. Y así, poco a poco, fui perdiéndome a mí misma y vendiéndome emocionalmente a cambio de un poco de atención por parte del sexo opuesto. Creo que nunca nada me ha hecho sentirme tan tonta. Quizás este comportamiento mío es lo que más me echo en cara aún en la actualidad. ¿Sabes esa sensación de culpa que se genera cuando revives mentalmente aquellas

----

situaciones que, a día de hoy, en frío, te parecen por completo diferentes a lo que te parecían en su momento?

Pues tal cual me pasa. Y confieso que es de las cosas más duras que sigo sintiendo hoy; la culpa y la rabia que nace de la sensación de poder haberme «querido» un poco más a mí misma y haber hecho las cosas de otra manera. Ahora tengo la suerte de entender que aquella imposibilidad para cortar de raíz no era algo que decidiera hacer voluntariamente. Que probablemente no es que no mereciera el amor de los demás, sino que estoy cien por cien segura de que ni siquiera se trataba de eso.

«Podemos ser amigos», decía. ¿Amigos para qué? Ahora lo sé: para tener una excusa a la que aferrarnos cuando el mono por la relación aparecía.

Esta imposibilidad de cortar las relaciones, créeme, no venía de la nada. Los refuerzos intermitentes que obtenía de ellas tenían mucho peso. Cuando las cosas iban bien, iban MUY bien. Ya sabes a qué me refiero. Todo era mágico, como sacado de un cuento de hadas (quizás ese era el problema). Esa perfección y ese derroche de amor por la otra parte hacía que me sintiera la prioridad para la otra persona, y eso, cuando por lo general escasea en la relación, lo recibes y aprecias como si fuera la última vez.

Esto mismo le pasaba a Adela, una paciente que estuvo en terapia conmigo durante dos años. Uno de ellos nos lo pasamos entero intentando encontrar el punto medio entre la emoción y la razón, aquello a lo que, como ya sabes, llamamos intuición.

Salía de las sesiones motivada y decidida a dejarlo con su pareja. Al cabo de los días volvía de nuevo con las dudas. Las sesiones se pasaban entre charlas sobre las cosas que su pareja le hacía y el daño que sentía cuando la persona a la que más había amado en su vida le hacía sentir que no era nadie. Adela refería que una de las cosas que más la hacían dudar era que igual que su pareja la trataba mal, más tarde la intentaba agasajar con regalos y atención plena. Aquellas dosis de cal y arena hacían que Adela siguiera permaneciendo al lado de su pareja y que dudara acerca de lo que debía hacer con esa relación. Cuando llegaba el momento de la verdad, su cabeza colapsaba y no se atrevía a dar el paso. En la sesión me contaba que, justo cuando más claro lo veía, aparecían aquellos recuerdos positivos que la hacían declinarse a permanecer en silencio y seguir luchando por su relación.

«No me separo por mis hijos»:

¡Cuantísimas veces habré escuchado eso en consulta! ¡Cuantísimas! Sé que es difícil imaginar una separación cuando lo percibes desde tu propio dolor. Pero es tu dolor, no el de tus hijos/as el que estás teniendo en cuenta para llegar a esa conclusión.

Algo ilógico si entendemos que la relación que mantienes con tu pareja es tu relación, no la de tus hijos/as. Tus hijos/as siempre serán vuestros/as hijos/as y vosotros/as siempre seréis sus padres/madres, estéis juntos/as o separados/as.

Es cierto que la preocupación que expresan los adultos en consulta es que sus hijos sufran con los cambios o que vivan en un ambiente hostil. Pero nada de esto tiene por qué ocurrir si una separación se maneja correctamente. Los/as niños/as suelen normalizar rápido la nueva situación. Así que, si tienes hijos/as, quiero que sepas que **no necesitan que sus padres estén juntos, solo necesitan que sus padres sean felices**. Y es que si un niño ve que su adulto de referencia y su refugio emocional cuando las cosas van mal se mantiene en calma y posee cierta estabilidad emocional, puede confiar en que todo va bien. Si, por el contrario, el niño ve que los adultos carecen de estabilidad emocional, que sufren constantemente, que se pelean todo el tiempo, y que el ambiente en casa es hostil, el niño sentirá que todo va mal y que cualquier cosa puede pasar en cualquier momento (incertidumbre); se sentirá desprotegido, que no puede confiar en nadie y que sus padres son impredecibles, lo que equivale a malestar emocional, un malestar que puede llevar a cuestas hasta la adolescencia o la edad adulta (aunque hay niños que somatizan antes).

No sabes la de pacientes con una historia de padres no separados que me confiesan, ya de adultos, que ver a sus padres de mal rollo durante su infancia o adolescencia les alejó y empujó a buscar refugio en otras personas fuera del entorno familiar. Eso en el mejor de los casos.

Aguantar por los hijos y creer que es la mejor decisión bien podría ser un razonamiento emocional. El **razonamiento emocional** pertenece al grupo de las distorsiones cognitivas (esquemas mentales obnubilados por una percepción que, a su vez, queda condicionada por las vivencias y aprendizaje de la persona). Un razonamiento emocional trataría en este caso de llegar a una conclusión condicionada por lo que sientes. ¿Y no es esto algo normal? Te preguntarás. Pues no, por eso se considera una distorsión. Digamos que cuando hacemos un razonamiento emocional nos falta información o un argumento sólido para defenderlo.

Te pondré otro ejemplo.

Imagina que acabas de romper tu relación de pareja con la que te has sentido bastante decepcionado/a y piensas que «todos los hombres/todas las mujeres son iguales». ¿Verdad que esta afirmación resulta incoherente? No conoces a todas las personas de este planeta como para decir que todas son iguales. Es una conclusión que se lanza desde el dolor, ergo un razonamiento emocional. Pues lo mismo pasa con el título de este apartado. «No me separo por mis hijos/as» es un razonamiento emocional porque nace de tu dolor y porque, una vez analizada, vemos que la creencia se desmorona fácilmente.

El contacto 0

El «contacto 0» es la técnica más importante para superar la dependencia emocional, y esta se aplica del todo o no se aplica. El porqué es sencillo; si no se aplica bien, no sale bien.

La idea del «contacto 0» parte de la premisa de que, dejando de tener presente cualquier estímulo relacionado con la pareja, evitaremos alargar el sufrimiento psicológico asociado a la ruptura y los patrones intermitentes de cortar-volver (más adelante, te hablaré de esto).

¿Cómo se hace el contacto 0?

Te voy a explicar punto por punto cómo se hace el contacto 0. Pero, antes, quiero que te despidas definitivamente de tu ex desde el respeto hacia ti mismo y lo que has vivido. Esto es vital, y lo sé de primera mano, tanto por lo vivido en primera persona como por lo que viven mis pacientes y me relatan en la consulta.

Recuerda que cuando hacemos las cosas de manera precipitada casi siempre nos arrepentimos; por eso es indispensable hacer este ejercicio que te propongo a continuación, siendo consciente de cada uno de los pasos.

Tu cerebro (y, por qué no, tu corazón) necesita sentir que se está desprendiendo y alejando de algo, es decir, necesita hacer un duelo. El duelo es una palabra asociada al proceso de adaptación emocional que sigue a una pérdida y, aunque la persona con la que lo has dejado no se ha muerto, para tu cerebro, psicológicamente hablando, es como si lo hubiera hecho. Por ello, es necesario respetar ese proceso, con sus más y sus menos, el tiempo que sea necesario.

CAJA DE RECUERDOS

Para crear consciencia, tenemos que hacer un ritual. Sí, has leído bien. Cuando un ser querido fallece, se le hace un velatorio y un entierro con su correspondiente misa, o sea, un ritual que, según la religión de cada cultura, será de una manera o de otra. Para tu despedida, no necesitarás hacer un velatorio o una misa, pero sí un entierro. Te lo explico paso a paso.

Paso 1.

Reúne todo los recuerdos que tengas de esta persona y de tu relación con ella. Fotos, billetes de metro, entradas de cine, peluches, camisetas, figuritas, etc.

Cualquier cosa es bienvenida en este ejercicio. Las conversaciones de WhatsApp que tengas puedes exportarlas desde la misma aplicación y enviártelas a ti mismo por correo en formato texto. Es fácil, entra dentro de la conversación con esa persona, presiona en los tres puntitos de arriba a la derecha y dentro de las opciones que aparecen presiona «Más». A continuación presiona «Exportar chat». Aquí te dará la opción de exportar los archivos multimedia, es decir, fotos, vídeos, audios, etc. por si quieres guardarlo todo. Cuando hayas elegido la opción que desees, podrás elegir a qué plataforma quieres enviar la conversación. Yo te recomiendo Gmail. Una vez hecho todo este proceso, tendrás en un correo recopiladas todas vuestras conversaciones (y fotos/vídeos, en caso de haberlos incluido). Puedes, si quieres, descargarte este archivo y meterlo en un disco duro, así eliminas también ese correo y no tienes que estar viéndolo siempre que accedas a tu bandeja de entrada.

Paso 2.

Mete todos esos recuerdos en una caja de cartón/madera/metal.

Paso 3.

Tras haberlo metido todo en la caja, tienes que «enterrarla». Basta con no dejarla a la vista y esconderla en un sitio de difícil acceso (por ejemplo: un armario que apenas abras).

La idea es, de momento, tenerlo todo guardado. En este ejercicio no se contempla tirar los recuerdos porque, de ser así, la sensación que se suele tener es de estar eliminando una parte de tu pasado, y no, tu pasado es tuyo y forma parte de tu vida. Tirar los recuerdos ahora mismo sería, quizás, demasiado doloroso.

Este ejercicio sirve para decirle a tu cerebro «Te tienes que despedir de esto, pero, mira, lo dejo aquí; no lo voy a tirar, para que puedas verlo cuando quieras». Así, tu cerebro se queda más «tranquilo» porque, aunque lo suyo es que no vuelvas a abrir esa caja y la tires a la basura cuando lo hayas superado todo, si a tu cabeza le presentas la idea del «nunca más» de primeras, genera más ansiedad. Aunque si tienes un desván como el de las Embrujadas, a lo mejor te da igual mantener la caja hasta el infinito. Tú decides.

Ahora sí. Seguimos.

Tips para hacer el contacto 0 bien hecho:

TIP 1
Bloquea y elimina en redes sociales a tu ex.

Sí, hay que bloquear y eliminar. No, no vale solo con eliminar, ni con silenciar. Y cuando digo «redes sociales», me refiero a todas: Facebook, Twitter, Instagram, WhatsApp, YouTube, Telegram... Todas.

El motivo por el que esto ha de ser tan radical es porque no puede haber ni una sola facilidad para establecer contacto de nuevo con esta persona. A la mínima que haya una pequeña puerta entreabierta, el intento de contacto 0 no habrá servido para nada. Basta uno de esos «momentos de debilidad» (ejemplo: estar en casa un domingo, después de ver una peli romántica y acordarte de esa persona) para romper la abstinencia.

Recuerda que esto es como una droga.

TIP 2
No llames por teléfono ni mandes SMS.

Bloquea su número. Si es preciso, elimina su número de la agenda o cambia el tuyo para evitar que esa persona se ponga en contacto contigo o tú con ella.

Mi consejo es que borres todas las conversaciones y fotos que tengas en el móvil con esta persona y, una vez que lo hayas hecho, borres de tu agenda su número de teléfono. Recuerda: antes de dar este paso, haz el ejercicio de la Caja de Recuerdos.

TIP 3
No quedes con sus amigos/as y/o familiares.

Aunque tengas buena relación con ellos, una vez que te hayas despedido de los más allegados, lo mejor es que no vuelvas a quedar y/o hablar con ellos, por el momento. Llegados a este punto, quedar con ellos equivaldría a acordarte de manera indirecta de tu expareja.

TIP 4
No vayas a verle de forma impulsiva.

Piénsalo dos veces y contente hasta, por ejemplo, el día siguiente. Mientras tanto, tu emoción se calmará, tu razón cobrará fuerza y te darás cuenta de que en realidad no quieres hacerlo. Haz la prueba.

TIP 5
No hables de tu expareja
y pide que no te hablen de ella.

Me refiero a comentarios del tipo «he visto a tu ex en nosedónde con nosequién» o a preguntas sobre la vida de la otra persona. Piensa: ¿cómo te puede ayudar exactamente recibir este tipo de información en tu proceso de duelo? Pues eso.

TIP 6
Por el momento, no frecuentes sitios donde podrías encontrarle.

Ya tendrás tiempo de volver a esos sitios, si así lo deseas.

El cerebro asocia recuerdos a sitios, olores, sabores, personas, etc. ¿Nunca te ha pasado que has comido un postre que te ha recordado a tu infancia? ¿Alguna vez has olido un perfume que te ha recordado a un familiar? ¿Qué crees que puede pasar, entonces, con esos sitios que solías frecuentar con tu expareja? El cerebro es capaz de suscitar una emoción ante cualquier estímulo que dispare un recuerdo. Cuanto más alejados tengas los estímulos que te puedan recordar a esa persona, mejor. Aunque eso implique que, por el momento, tengas que cambiar tus planes o no puedas hacer tu vida de siempre. A la larga, volverás a recuperar tu rutina, te lo aseguro, pero ahora, si realmente quieres dar ese paso, tu cerebro necesita alejarse de todos esos estímulos y tú necesitas hacer el duelo.

Hay personas que, ante estos tips, me preguntan si no será todo esto peor para el duelo. El miedo que tienen es a no volver a recuperar su vida nunca, por lo que creen que lo mejor es mantener su vida de siempre con sus costumbres, sin romper el contacto con nada ni con nadie (además de su ex), como si nada hubiera pasado. La justificación que emplean se mantiene firme gracias al orgullo: «No voy a dejar que esta persona influya más en mi vida». Pero la realidad está bien alejada de esta afirmación. Por desgracia, lo que se suele conseguir cuando nos mantenemos en esta creencia es todo lo contrario a lo que se espera. Cuanto más contacto se tenga con la otra parte, de manera directa o indirecta, más influirá en nuestra vida.

Hay otras personas que creen que lo mejor es «ponerse a prueba» constantemente para comprobar si siguen sintiendo algo por la otra parte. Esto tampoco es buena idea. La vida no es un juego para el que te tengas que poner a prueba. ¿Te pondrías a correr en plena rehabilitación de una rotura de tobillo? ¿Por qué sí habría que hacerlo durante un duelo? Como ves, es absurdo, pero no culpo a nadie de dichas creencias; la educación emocional en este país brilla por su ausencia.

A veces, hay situaciones en las que el contacto 0 es complicado de establecer por la situación en sí misma (una pareja con hijos y custodia compartida, una relación de compañeros de trabajo, etc.).

En la medida de lo posible, igualmente hay que intentar ponerlo en práctica. Por ejemplo, si mantienes una relación cordial con tu expareja porque tenéis hijos en común pero quieres mantener el contacto 0, habla con tu expareja única y exclusivamente para asuntos de vuestros hijos. En el momento en que la conversación o la situación deriven a algo más emocional o sentimental que preveas que pueda hacerte daño, corta la conversación. Como ves, el contacto 0 en este caso, se aplica solo a los aspectos más emocionales.

En alguna ocasión me han preguntado si ignorar estas situaciones o comentarios es hacer un *ghosting* y la respuesta es **no**.

Recuerda que, para que sea *ghosting*, en la relación tiene que haber cierto grado de responsabilidad afectiva. En una relación cuya responsabilidad solo se ciñe al cuidado de los hijos, dado que es el único vínculo que sigue manteniendo unidas a las dos partes, y, por ende, la comunicación se realiza para que esta se lleve a cabo de manera efectiva, no hay responsabilidad afectiva, por lo que no responder o desaparecer de la conversación cuando no te interesa porque esta está derivando en algo más emocional, no se considera *ghosting*. Así que estás en todo tu derecho de no responder, desaparecer e ignorar a la otra persona cuando lo consideres oportuno (siempre y cuando no se trate de evadir responsabilidades para con tus hijos). Lo mismo pasa con los compañeros de trabajo. Si tu relación dependiente es con un compañero de trabajo, tendrás que mantener el contacto para aspectos laborales, pero, insisto, ante todo aquello que no sea estrictamente laboral, podrás hacer oídos sordos.

La dificultad de mantener el contacto 0:

El duelo propio de las relaciones dependientes es terrible. Un día estás bien, te ves con fuerzas y sientes que puedes con todo, y al siguiente estás con un bajón tremendo, llorando por las esquinas y sintiendo que nada tiene sentido. Los duelos de por sí son duros y complicados, pero estos…, ay, cariño, estos son otro nivel.

Al principio pasas unos días (o semanas) en los que te sientes como un alma en pena. No te apetece salir de casa, no tienes ganas de hacer nada y no quieres ver a nadie, solo sabes que quieres volver con esa persona. De repente, un día parece que todo va bien, te sientes fuerte, con energía y acompañada por el resto de amigos y familiares que conocen la historia. Lo tienes clarísimo, no volverías con tu ex ni de coña. Al día siguiente (a veces incluso tras varias horas), viene el bajón de nuevo. No puedes dejar de pensar en esa persona, en lo que la quieres y en los buenos recuerdos que tienes con ella. Se te pasa por la cabeza la hipótesis de que ya esté quedando con alguien e incluso que te haya olvidado. Aquí se activa tu sistema de apego (esa torre de control que manda al cerebro señales de posible «abandono» y, por ende, de peligro para la supervivencia del individuo en términos evolutivos) y piensas que es buena idea volver a llamar su atención de alguna manera (conducta protesta). En estos momentos, a veces gana el orgullo (bendito sea en estos casos), otras veces ganan las ganas, valga la redundancia. Y lo haces, y caes de nuevo.

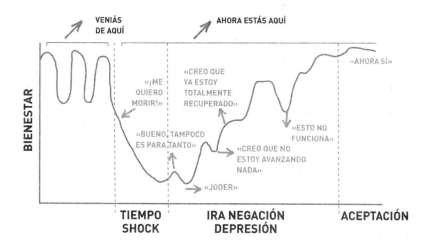

BIENESTAR

VENIÁS DE AQUÍ

AHORA ESTÁS AQUÍ

«CREO QUE YA ESTOY TOTALMENTE RECUPERADO»

«¡ME QUIERO MORIR!»

«AHORA SÍ»

«BUENO, TAMPOCO ES PARA TANTO»

«ESTO NO FUNCIONA»

«CREO QUE NO ESTOY AVANZANDO NADA»

«JODER»

TIEMPO
SHOCK

IRA NEGACIÓN
DEPRESIÓN

ACEPTACIÓN

Se suele decir que los duelos tienen cinco fases, pero, claro, aquí tenemos el hándicap de que todos los duelos estudiados hasta el momento han sido por pérdidas reales de familiares y seres queridos. Así que te voy a hablar de lo que yo veo en consulta, que suelen ser unas fases.

1. *Shock.* **Negación:** es la primera fase tras la ruptura definitiva, donde te viene el «chaparrón emocional». Sientes que te encuentras tan mal emocionalmente que has tocado fondo. Es normal, tu cerebro está procesando la pérdida y todavía no tiene claro qué está pasando.

2. **Ira. Negociación. Depresión:** todo junto. Es una fase en la que estás enfadadísimo con tu ex, pero de repente lo/la echas de menos y tienes que negociar contigo mismo no volver a escribirle. Luego vuelve la ira mientras recuerdas lo mal que esa relación te hizo sentir y la tristeza por ser consciente de la situación que estás viviendo. Bueno, esto es solo un ejemplo para que veas que, si la montaña rusa emocional estaba presente en la relación, ahora aún más.

3. Aceptación: aceptación de la ruptura. Ya no hay enganche. Ya te da igual ocho que ochenta. Te alegras de haber roto la relación en el pasado, aunque eso haya supuesto pasarlo tan mal durante todo este tiempo. Esta es la última fase. Casi no la considero fase del duelo porque, cuando aparece, el duelo ya ha terminado.

El caso es que, trabajando, trabajando y trabajando estés en la fase que estés, como has visto en el gráfico de la página anterior, aunque sigas teniendo tus bajones, poco a poco irás notando mejoría. Es una progresión muy lenta, pero te aseguro que merece la pena.

Las veces que caigas o vuelvas a tener contacto con tu ex, lo mal que lo pases y lo que tardes en superar el duelo dependerá de muchos factores, entre ellos, tus propias características, las características de la relación, de lo que haga la otra persona y de tu trabajo personal. Este último factor tiene un peso muy importante, pero no es determinante si, por ejemplo, tu ex te acosa o te persigue (menos mal que no sucede así en la mayoría de los casos, aunque haberlos haylos). No creas que es solo una cuestión de fuerza de voluntad.

¿Recuerdas cuando te hablaba del síndrome de abstinencia? La dificultad para mantener el contacto 0 es lo que refiere la mayoría de mis pacientes. Claro, si tenemos en cuenta que la relación es como una droga a la que se es adicto, ¿quién se resiste a tomar un poquito? Bajo la excusa del «yo controlo», confiamos en que seguro que no pasa nada por hablar o quedar con esa persona. Nada más lejos de la realidad. Pasar, pasa (y mucho). Imagina que alguien que se está desintoxicando del consumo de cocaína en un centro de rehabilitación, en plena abstinencia, justifica que no pasa nada por meterse una «rayita» para calmar el mono, que «controla». No parece lógico, ¿verdad? De hecho, lo más probable es que dicha persona, tras esa «rayita», entre en una vorágine de consumo y vuelva de nuevo a donde estaba al principio. Pues con las relaciones dependientes pasa lo mismo, salvando las distancias obvias. No hay una sustancia química, es evidente, pero te recuerdo que sí hay unos estímulos que nos generan las mismas moléculas en el cerebro que cuando se consume alguna droga.

«¿Y esto no es evitación? ¿Y si luego vuelvo a encontrarme a mi ex y lo paso peor porque he estado evitándolo todo este tiempo?», me preguntan a veces mis pacientes. A lo que yo siempre les respondo que no es evitación, ni lo pasarán peor si vuelven a encontrárselo casualmente por la calle, por ejemplo.

No te digo yo que, si te pasa, un susto no te lleves, pero sentir, lo que es sentir, una vez desintoxicado del vínculo, no sientes nada a nivel romántico si el contacto 0 se ha hecho bien y ha pasado el tiempo suficiente (fácilmente identificable: **ha pasado el tiempo suficiente cuando sientes que tu ex, en términos de pareja, te la refanfinfla**).

La manera de trabajar una dependencia emocional es parecida a la de trabajar una adicción a una sustancia o un juego. A ningún psicólogo o psiquiatra se le ocurriría dejar que su paciente siguiera consumiendo drogas, por ejemplo, durante el proceso de desintoxicación, y no por ello luego los pacientes vuelven a consumir (si recaen, será por otros factores, pero desde luego no por no haber consumido durante la desintoxicación).

Todo pasa, confía en mí. Te prometo que un día volverá la calma y la estabilidad emocional, pero tienes que ser fuerte, tener compasión de ti mismo o misma y paciencia con la situación, y seguir adelante, pase lo que pase. **El tiempo para estas cosas es muy necesario, pero por sí solo no hace nada, necesitas trabajo personal.**

El contacto 0 ha de ser lo más estricto posible y, aunque a veces no puedas evitar romperlo, vas a intentar hacerlo lo mejor posible.

Como ya has visto, «caer» es fácil, pero para que sea menos fácil, hay una herramienta que quiero explicarte que quizás te ayude.

Esta herramienta se rige por un principio importantísimo: no tiene sentido acercarse lo más mínimo a aquellas cosas que puedan desencadenar «el consumo».

¿Cómo lo vas a hacer? Yo te ayudo. Sigue los siguientes pasos. Para empezar, necesitas hacer dos listas.

La primera de ellas será de las situaciones que quieres evitar.

Cosas que quiero evitar

Ejemplos: hablar con mi expareja, quedar con mi expareja, acostarme con mi expareja, volver con mi expareja, etc.

Ahora tú:

_____

_____

_____

_____

_____

La segunda será una lista de todas las cosas que hayas observado que te llevan a «caer» en situaciones que has descrito en la lista de cosas que quieres evitar.

Cosas que me llevan a «caer» en las situaciones que quiero evitar

Ejemplos: salir de fiesta, beber alcohol y tener el móvil a mano, ver una película romántica, pasar por X calle, entrar a X tienda, ir a X bar, escuchar X canción, ver su nombre reflejado en un cartel, que en las noticias se hable de los reencuentros entre parejas a distancia, que aparezca en mi mente un recuerdo de cuando estábamos juntos, etc.

Ahora tú:

Toda esta información es valiosísima para ti. Te sirve para trabajar tu «punto de no retorno».

Punto de no retorno:

El punto de no retorno es una teoría que se usa en psicología para trabajar el manejo de impulsos.

Se representa de la siguiente manera:

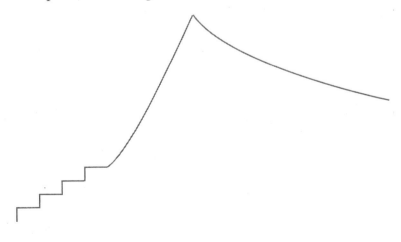

En este pequeño dibujo que tienes delante, cada escalón representa un estímulo con carga emocional. Así, cada escalón correspondería a cada una de las cosas que has descrito en la lista de cosas que te llevan a caer en las situaciones que quieres evitar.

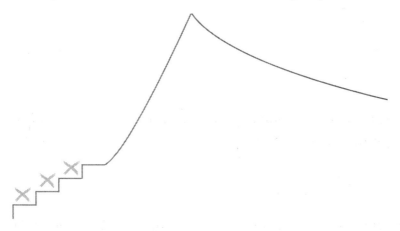

Esos estímulos, como ves en el dibujo, se van sumando unos a otros (por aquello de subir escalones) y van añadiendo intensidad emocional al momento antes de «caer», es decir, antes de que tu conducta se descontrole.

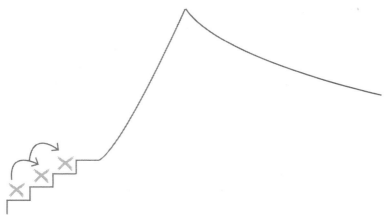

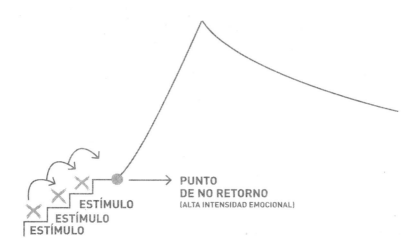

PUNTO
DE NO RETORNO
(ALTA INTENSIDAD EMOCIONAL)

ESTÍMULO
ESTÍMULO
ESTÍMULO

El punto de no retorno en este caso es un punto en el que, una vez que has acumulado una gran cantidad de intensidad emocional, ya no hay vuelta atrás, y lo único que te queda es subir rápidamente en intensidad hasta actuar de manera completamente emocional e impulsiva. Cuando llegas al punto de no retorno, tampoco puedes frenar, por eso se llama punto de no retorno. El motivo por el que te cuento esto es porque hay una manera de no «caer», y esa es frenando cuando aún puedes hacerlo, es decir, cuando identificas que estás subiendo escalones.

Mientras subes escalones, no estás en el punto de no retorno, por lo que, fisiológica, emocional, cognitiva y conductualmente hablando, tu cuerpo te va a permitir tomar consciencia de la situación y frenar, algo que, de otra manera, es imposible, y te cuento por qué.

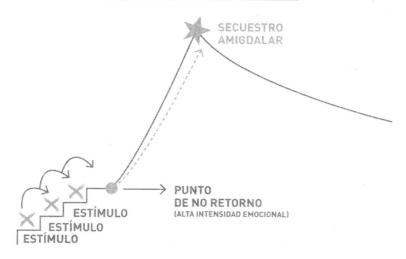

Secuestro amigdalar:

SECUESTRO
AMIGDALAR

PUNTO
DE NO RETORNO
(ALTA INTENSIDAD EMOCIONAL)

ESTÍMULO
ESTÍMULO
ESTÍMULO

La amígdala, decíamos antes, es la parte del cerebro que se encarga principalmente del procesamiento y almacenamiento de reacciones emocionales. Es decir, es como otra torre de control del cerebro cuya misión es emitir las señales que dan luz verde a las conductas impulsivas.

El secuestro amigdalar es un fenómeno que se produce en nuestro cerebro cuando cree que se encuentra en una situación peligrosa que requiere actuar en términos de supervivencia. Como tal, volver de cualquier manera con tu ex no es una situación que ponga en peligro tu vida (en principio), pero en términos de apego, sí. En términos de apego, tu cerebro entiende que si no estás con esa persona te quedarás solo en el mundo, y alguien solo difícilmente puede sobrevivir. Así que fíjate tú el marrón en el que tu cerebro cree que estás metido.

Por ello, tu cerebro activa la alarma de la supervivencia; considera que necesita dejar de procesar información y reaccionar. Para ello, activa su amígdala, encargada de la parte más emocional de las personas, y desactiva la razón, encargada de elaborar procesos cognitivos más complejos para dar lugar a la conducta impulsiva.

Así es nuestro cerebro.

La idea entonces es trabajar la identificación de estímulos y las situaciones de riesgo que quieres evitar para lograr los siguientes objetivos:

- Conocer de manera consciente cómo reacciona tu cuerpo ante las situaciones descritas en tu lista de cosas que te llevan a caer en las situaciones que quieres evitar.
- Conocer de manera consciente qué puede pasar si reaccionas de manera impulsiva. Es decir, qué pasa cuando «caes» en las «cosas que quieres evitar».
- Prevenir los resultados negativos y trabajar desde la prevención.
- Entender qué estímulos son los que te desregulan emocionalmente.
- Evitar la exposición a estímulos innecesarios que te desregulen anímicamente.
- Saber cómo reaccionar antes de actuar de manera impulsiva o «en caliente».
- Trabajar el autoconocimiento.
- Encontrar posibles maneras de gestionar esas situaciones.

Tienes que tener en cuenta que, si conoces los estímulos que te llevan al punto de no retorno y sabes dónde está este, sabrás a dónde no podrás llegar (conoces el límite) y podrás plantear un control estimular y una regulación emocional a través de las estrategias que mejor te vengan para cada situación.

Para entender bien todo esto, te voy a contar el caso de **Gema**. Gema estaba en tratamiento para dejar de ver a su ex, con el que llevaba más de tres años intentando romper. Había probado de todo y nada le funcionaba. En una de las sesiones, propusimos trabajar el contacto 0. Al principio funcionó, pero a las tres semanas Gema volvió a la consulta contando que se había vuelto a acostar con su expareja.

¿Qué había pasado?

Gema no estaba aplicando bien el contacto 0. Resulta que iba al mismo gimnasio que su ex y, al aplicar el contacto 0, no tuvo en cuenta este pequeño detalle.

Aunque intentaba ir a horas diferentes, él, al parecer, forzaba la coincidencia y se presentaba en el gimnasio cuando sabía que Gema entrenaba.

Lo que Gema relató en la consulta fue que se vieron e intercambiaron unas palabras. Más tarde, ella lo desbloqueó de WhatsApp y él aprovechó para escribirle un mensaje diciendo lo arrepentido que estaba de todo lo que le había hecho. Eso a Gema le ablandó el corazón y terminaron quedando.

Era curioso ver cómo mi paciente relataba todo esto realmente enfadada consigo misma; claro, no era la primera vez que le pasaba. Gema me contaba todo esto desde la razón y en frío. En caliente, volvió a creer que él de verdad había cambiado, pero, en frío y con los pies en la tierra, sabía perfectamente que eso era mentira porque esa excusa ya la había escuchado otras veces.

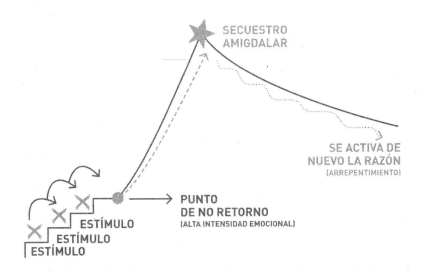

—Gema —le dije—, tienes todo el derecho a estar enfadada, lo entiendo. Pero, por favor, no te castigues más. Ya tienes bastante con estar peleando con la dependencia emocional. Tú no tienes la culpa de lo que ha sucedido. Mira lo que ha pasado realmente aquí.

Y le expliqué lo siguiente que te voy a explicar a ti ahora.

Veamos cuántos escalones se han subido en esta historia:

Escalón 1: seguir yendo al mismo gimnasio que su ex.
Escalón 2: hablar con su ex en el gimnasio.
Escalón 3: desbloquear a su ex de WhatsApp.
Escalón 4: leer el mensaje que él le mandó.
Escalón 5: responder a ese mensaje.
Escalón 6 y punto de no retorno: quedar.

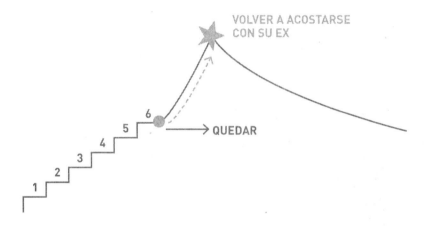

VOLVER A ACOSTARSE CON SU EX

QUEDAR

Una de las cosas que ella quería evitar era volver a acostarse con él, y esto, tras un contacto 0, no ocurrió por arte de magia. Fíjate en todos los escalones que Gema subió sin darse cuenta. Quedar era lo que vaticinaba que se iban a volver a acostar; sin embargo, esto pudo haberse prevenido si no se hubieran subido el resto de escalones y, definitivamente, cada escalón pudo prevenirse si no se hubiera subido el anterior. Si Gema no hubiera seguido yendo al mismo gimnasio que su ex, probablemente no habrían «coincidido», por lo que todo lo que vino después, ni siquiera habría pasado. Cada escalón hace más probable el siguiente.

Por supuesto, lo que trabajé con Gema en esa sesión fue un control estimular, que quiere decir control del entorno y de aquellas cosas que se han identificado que llevan a la persona al punto de no retorno.

Otro caso en el que trabajé esta teoría fue el de **Javier**.

A Javier le hacía mucho daño frecuentar una cafetería a la que solía ir con su pareja. Cada vez que iba a trabajar y pasaba por la puerta, veía el cartel y olía el café por las mañanas, subía el primer escalón. Eso le hacía recordar buenos momentos del pasado junto a su ex (segundo escalón); y ese escalón, a su vez, era el que le hacía sentir unas tremendas ganas de ponerse en contacto con su ex, pero como sabía que no podía, entraba a sus redes sociales (tercer escalón y punto de no retorno para retomar el contacto). En alguna ocasión, Javier cayó en la trampa y escribió e incluso llegó a quedar con su ex. Sin embargo, al darse cuenta de la espiral en la que estaba metido, decidió no pasar, de manera preventiva, por delante de esa cafetería. Al menos durante un tiempo. De todo esto ya han pasado muchos años y, por supuesto, Javier ahora vuelve a pasar por delante de esa cafetería e incluso entra en ella con sus amigos a tomar algo de vez en cuando, sin mayor trascendencia. Y es que la abstinencia, más allá de la expareja, no tiene por qué durar para siempre.

- -

A veces subimos el primer escalón de manera involuntaria, como en el caso de **Manuel**, un paciente que se acordaba de sus relaciones a través del contenido de una conversación banal con otra persona ajena a la relación.

Al final el cerebro solo necesita un hilo del que tirar.

En cualquier caso, es necesario aprender a frenar la subida de escalones.

Cuando te descubres a ti mismo con el pie en el primer escalón, es el momento de frenar. Sí, has leído bien, no te dejes llevar hasta el segundo. Hay que parar nada más empezar, porque cuanto más alto llegues, más difícil será frenar y más dolorosa será la caída.

Apunta en una libreta qué estás haciendo en ese primer escalón, cómo te sientes emocionalmente, qué piensas y qué sientes en tu cuerpo.

¿Qué estoy haciendo?	¿Cómo me siento?	¿Qué pienso?	¿Qué siento en mi cuerpo?

Estas preguntas son fundamentales para crear consciencia acerca de cómo reaccionas ante las diferentes situaciones. Una vez que tengas registradas unas cuantas respuestas, observa si se suelen repetir, si en frío las cosas te parecen diferentes o si crees que hay alguna estrategia que conozcas que te pueda ayudar a manejar cada una de ellas.

Yo te voy a hablar de una herramienta que suele ayudar bastante a regular la activación fisiológica, conductual, cognitiva y emocional. Se trata del **tiempo fuera**.

El **tiempo fuera** es la técnica más útil para la mayoría de casos en los que queremos dejar de subir escalones. Hace referencia a «tomarse un tiempo» o «salir de la situación». Es como si estuvieras jugando un partido y le pidieras al árbitro un tiempo para salir de la pista y despejar tu mente.

El tiempo fuera se usa originariamente con niños que suelen comportarse de manera revoltosa en clase. Se les saca de la clase o del entorno en el que están durante unos pocos minutos. Una vez fuera, se les acompaña en la respiración profunda, se habla con ellos para razonar sobre la situación y luego vuelven a entrar a clase más calmados. Lo curioso es que, esto mismo, aplicado a los adultos en la situación que nos trae aquí, también funciona.

Aquí tienes algunos ejemplos:

- Salir a dar un paseo de veinte minutos.
- Si estás en casa, moverte a otra habitación.
- Apagar el móvil y guardarlo en un cajón.
- Hablar con alguien sobre otra cosa.
- Hablar con tu terapeuta.
- Hacer algún pasatiempo. Por ejemplo: sudokus, sopas de letras, crucigramas.
- Hacer una cuenta atrás, de cien a cero, restando de tres en tres.

Si el tiempo fuera lo acompañamos de alguna técnica de relajación, como la respiración profunda, multiplicamos sus beneficios. En mi libro *Ama tu sexo* tienes un montón de estrategias para ayudarte a focalizar la atención y para ayudarte a relajarte.

Te animo a probarlo.

¿POR QUÉ SI SOLO LLEVABA UNOS MESES CON MI PAREJA ME DUELE TANTO LA RUPTURA?

La clave está en el enamoramiento, la fase que precede a la «atracción» y antecede al «amor real», que es justamente la más intensa de una relación.

Si se rompe una relación justo durante la fase más intensa, el duelo es más intenso y doloroso porque emocionalmente supone una caída en picado. Es como pasar de cien a cero en muy poco tiempo. Una cortada de rollo total.

Pese a lo que se suele creer, si la ruptura sucede durante la fase de «amor real», el duelo también es muy doloroso, pero no se suele vivir de manera tan sumamente intensa, salvando las diferencias individuales obvias.

Las trampas de la dependencia

Por si lo que hemos visto hasta ahora te parecía poco, la dependencia emocional aún nos aguarda alguna que otra sorpresa más.

La trampa de «sentir que perdemos a alguien para reaccionar»:

Esta trampa la tendrás que tener muy en cuenta en esos intentos fallidos de ruptura. Ya sabes, esos momentos en los que le planteas la ruptura a tu pareja y esta te dice que va a cambiar, cambia unos días, y al poco tiempo todo vuelve a ser como antes.

Cuando alguien se aleja de nosotros o estamos a punto de romper un vínculo, reaccionamos para impedir que eso ocurra usando toda nuestra artillería, pero esto no es amor en sí mismo, sino un mecanismo de defensa.

El cerebro es cortoplacista y busca una herramienta eficaz y rápida para evitar el sufrimiento que supondría una ruptura; por eso, su mejor «arma» es activar este mecanismo de defensa que consiste en reaccionar, gastar muchísimas energías y dar por la relación todo lo que no se ha dado hasta el momento, con la intención de seguir manteniendo ese vínculo.

Hay personas que reaccionan, cambian y trabajan por habituar y mantener el cambio. Esto es sano y funcional.

Luego hay otras personas (la mayoría) que cambian unos días, pero más tarde vuelven a su rutina y comportamiento normal. En este último caso, lo probable es que la situación de «cambio y vuelta a la normalidad» se repita indefinidamente.

La trampa de la última conversación:

En las relaciones dependientes siempre hay asuntos por resolver y que aclarar, dada la incertidumbre que las rodea constantemente (recuerda cuando te dije que la disonancia cognitiva te acompañaría siempre en la relación). Siempre hay cosas que decir. Parece que, incluso rompiendo el vínculo, «falte algo más», como una especie de punto y final que nunca llega, lo que te impide estar tranquilo. Aunque lo hayas dejado, siempre aparece en tu mente un tema no resuelto que te impide hacer el duelo y en paz y con tranquilidad. Por ejemplo: «¿Por qué si decía que realmente me quería luego me dejaba tirado para irse con sus amigos?», «¿Por qué Fulanito me dijo que le había dicho no sé qué mientras a mí me decía lo contrario?».

Por todas estas dudas, decides hablar por «última vez» para dejar las cosas claras definitivamente. Y esa «última conversación» es justo el espacio perfecto para volver a «picar» y volver a caer en la trampa del falso amor dependiente o, dicho de otra manera, de volver a intentarlo por enésima vez.

No puedes vivir con las dudas porque es algo superior a ti (siempre he dicho que la incertidumbre es la emoción más dífícil de manejar). Así que, en ese espacio motivado por la incertidumbre y la necesidad imperiosa de aclarar las cosas, lleno de dudas y vulnerabilidad, la otra parte puede aprovechar el momento para lanzar las respuestas que sabe que necesitas escuchar y volver a manipularte.

Mi consejo es que no caigas en la trampa. Rompiste esa relación por algo (recuerda que tienes una lista de costes y beneficios que debes mantener muy cerca de ti, sobre todo los primeros meses de duelo). Por ello, recuerda los motivos y tenlos muy presentes. **Volver de nuevo solo hace que el problema se haga más grande de lo que ya es.**

Preguntas que puedes hacerte cuando sientas ganas de volver con tu ex:

- ¿Vuelvo porque realmente echo de menos a mi ex o a la idea que tengo de mi ex?
- ¿Quiero volver a la relación porque echo de menos a mi expareja o echo de menos los momentos positivos?
- ¿Esos momentos positivos podría volver a tenerlos con otra persona en un futuro, cuando me encuentre mejor y haya superado la ruptura?
- ¿Puede que mi juicio sobre la relación esté condicionado por la negación a sentir el dolor que implica la pérdida?
- ¿Regresaría con mi ex por costumbre?
- ¿Tengo alguna prueba real de que la relación vaya a cambiar o es más la ilusión de que cambie lo que siento?
- ¿Realmente quiero volver con mi ex o esta decisión puede estar motivada solo porque tengo miedo a la soledad y a

no encontrar a nadie que me vuelva a hacer feliz? (Recuerda que tu felicidad no depende de nadie).

- ¿Ha cambiado algo para que decida darle otra oportunidad a la relación?
- ¿Para qué querría volver con mi expareja?
- ¿Es posible que eche más de menos los planes que hacíamos juntos que a mi expareja?

Cuando tu ex vuelva, recuerda cómo te hace sentir cuando se va.

La trampa de «la anestesia emocional»:

Esta trampa se activa gracias a un mecanismo de defensa que nuestro cerebro, una vez más, pone en marcha pensando que es lo mejor para nosotros (*spolier*: no).

Como ya sabes, nuestro cerebro es cortoplacista y tiene su séquito de mecanismos de defensa preparados para evitar el sufrimiento de manera instantánea, aunque eso suponga un bienestar a corto plazo de dos microsegundos y un malestar posterior de días. Por eso, durante el duelo, ante el malestar emocional, el cerebro considera buena idea lanzar de manera espontánea recuerdos positivos de lo vivido con la expareja.

Pero ¿no se supone que lo mejor para ti es no estar con tu ex? Claro que sí, pero, fíjate, el cerebro percibe tanto sufrimiento que prefiere pensar en los buenos momentos y estar bien lo que mínimamente dure ese recuerdo que seguir en la agonía del duelo. Ni siquiera piensa en lo que viene después. Ahí está la trampa. En ese momento de «anestesia emocional» en forma de recuerdo, ya has subido el primer escalón que te llevará directo al punto de no retorno si no frenas.

«María, es que el cerebro es masoca», me decía una de mis pacientes. Bueno, un poco sí que lo parece, pero créeme que su intención es buena. No pretende fastidiar tu duelo ni boicotear tu contacto 0, al contrario. Tu cerebro cree que lo está haciendo de maravilla. Si pudiera, hasta se colgaba una medalla.

Ciclo de la ruptura dependiente:

En esta trampa hemos caído casi todos. Es la más común. El eterno «cortar-volver» de las relaciones dependientes. La infinita intermitencia.

EL CICLO DEL DESAMOR DEPENDIENTE

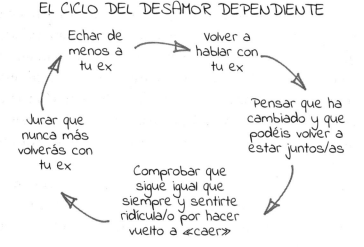

Te suena, ¿verdad? Este ciclo puede durar todo el tiempo que quieras. Gema llevaba tres años intentando salir de una relación dependiente y repetía una y otra vez este ciclo.

Relaciones liana:

Esto forma parte de la ruptura y no. Te explico.

Las relaciones liana son relaciones que se van encadenando unas con otras sin dejar espacio al duelo tras la ruptura.

Están basadas en mitos del amor romántico, como, por ejemplo, el de «un clavo saca otro clavo». Esto es un mito porque la idea es errónea. Una persona no hace que «olvides» de verdad a otra. Empezar una nueva relación o ilusionarte con otra persona no ayuda a gestionar las emociones del duelo por la ruptura anterior, sino que las enquista.

Cuando hacemos esto, estamos aprendiendo a evitar el malestar y a modular la emoción dependiendo de otra persona. Esto no es sano.

El subidón emocional de la atracción y el enamoramiento por la otra persona eclipsa las emociones y pensamientos típicos del duelo y no deja espacio al resto de emociones. La sensación en general en este momento es de bienestar, pero posiblemente se esté generando una dependencia como forma de relacionarse con los demás.

Podríamos decir incluso que la nueva pareja está «ocupando» el lugar emocional de la primera.

Lo funcional en este caso sería estar solo durante el periodo de duelo, dar tiempo y espacio a la tristeza (y emociones del duelo en general) y a la reflexión, aprender de la experiencia y aprender a estar solo de nuevo. Así, será sano iniciar una nueva relación.

Perdí la cuenta de mis relaciones liana. Ninguna persona me llenaba lo suficiente como para olvidar el enganche que tenía por la primera. Y no era culpa de los hombres a los que conocía, era mi dependencia lo que me impedía pasar página. Salía con chicos, me reía, lo pasaba bien. Pero llegaba a casa y me sentía vacía. No podría explicarlo de otra manera. Algo dentro de mí me decía que lo que estaba haciendo no era bueno para mí, que debía parar, pero por otra parte necesitaba volver a sentirme querida. Por eso, cuando el vacío y las ganas de sentirme deseada acechaban, tiraba de mi lista de contactos y quedaba con alguien. Dentro de mí deseaba fervientemente enamorarme de esa otra persona. A decir verdad, nunca tuve la sensación de estar «utilizando» a los demás para superar mi ruptura. Pero, claro, ahora sé que así no funcionan las cosas.

10

El estilo de apego

Sabemos que cada caso es un mundo y cada relación tiene sus matices y particularidades; sin embargo, gracias al estudio de la teoría del apego en adultos, los psicólogos ahora lo tenemos mucho más fácil a la hora de hacer un análisis de las relaciones de pareja. Para saber cómo es o será la dinámica en una relación, solamente necesitamos conocer el tipo de apego de cada uno de los miembros que conforman la relación.

Según John Bowlby, psicólogo, «la teoría del **apego** es una forma de conceptualizar la propensión de los seres humanos a formar vínculos afectivos fuertes con los demás y de extender las diversas maneras de expresar emociones de angustia, depresión, enfado cuando son abandonados o viven una separación o pérdida». O, dicho de otra manera, el apego es la forma que tienen las personas de percibir la intimidad y de responder a ella.

Según Bowlby, el tipo de vínculo emocional que tuviste con tus padres o tutores tiene una gran influencia en tus relaciones de adulto.

Podríamos decir que el sistema de apego es lo que, al activarse en situaciones de amenaza (situaciones que el niño no conoce), se encarga de proporcionar seguridad. Al activarse, el niño busca al adulto y, según la respuesta que este dé ante esa llamada, el pequeño seguirá desarrollando un apego **seguro** o terminará desarrollando otro tipo de apego: **ansioso, evasivo-evitativo y desorganizado**.

Veamos las características que se atribuyen a cada tipo de apego según la relación que se haya tenido con los padres en la infancia.

(Antes de que leas lo que viene a continuación, quiero decirte que esta información solo trata de ayudarte a entender. Los conocimientos que adquieras no sirven para justificar, sino para explicar. No uses tus propias conclusiones para echar en cara nada a nadie, sería muy injusto y, por otra parte, sin la ayuda de un profesional cualificado, podrías equivocarte en tu reflexión. Tus padres también cargan con su mochila emocional y, aunque a veces cueste de creer, puede que hicieran lo que para ellos era lo mejor para ti. Otras veces solo hay que tener en cuenta las características y formas de procesar cognitivamente de las personas. Como bien has visto antes, hay quien, por sus características, procesa las cosas de manera diferente; por ejemplo, las personas con adicciones a sustancias o con trastornos mentales).

Apego seguro:

Se asocia con el sentimiento de que los padres son una base estable en la que poder confiar. Los padres de niños que crecen con apego seguro responden ante las necesidades afectivas de sus hijos y son percibidos por ellos como personas refugio. Ningún niño con apego seguro tiene miedo de ser abandonado por sus padres porque, de alguna manera, sabe que eso no puede ocurrir.

El apego seguro permite al niño explorar, conocer el mundo y relacionarse con otras personas, bajo la tranquilidad de sentir que la persona con quien tiene ese vínculo de apego y a quien considera que es persona refugio o referencia (un adulto) va a estar ahí para protegerlo. Los niños seguros son niños que sufren cuando se separan de sus padres, pero que se calman cuando se vuelven a reunir con ellos.

Cuando esto no ocurre, los miedos e inseguridades influyen en el modo de interpretar el mundo que le rodea y las relaciones con otras personas y consigo mismo, como verás a continuación.

Apego ansioso:

Se asocia con padres que a veces están disponibles para sus hijos, pero no siempre. Se relaciona con inconsistencia en las conductas de cuidado y seguridad.

Ante esta inconsistencia, el niño entiende que el ambiente no es estable. Esto hace que crezca con la sensación de que el mundo es un lugar peligroso (aunque nunca le haya pasado nada realmente) y, que cualquier cosa puede pasar en cualquier

momento (por ejemplo, que lo abandonen), lo que, en definitiva, le genera miedo y ansiedad ante el entorno e inseguridad en él mismo, ya que el terror que desarrolla al creer que
el mundo es demasiado cambiante puede hacerle sentir incapaz de enfrentarse a él. Los niños con apego ansioso sufren
muchísimo cuando se separan de los padres y tardan mucho
en calmarse cuando la separación termina.

Apego evasivo-evitativo:

Se asocia con padres distantes y poco accesibles emocionalmente.

En su relación consigo mismos, el menor crece sintiéndose
rechazado, poco querido y poco valorado.

Como consecuencia de ello, al niño no le queda más remedio
que aprender a ser autosuficiente. Esto, paradójicamente, hace
que se muestre ante los demás como un niño seguro de sí
mismo y del entorno que le rodea, pero esta conducta no es
más que una barrera que ha tenido que aprender a construir
para su propia supervivencia emocional.

Aparentemente, los niños con apego evasivo ni sufren ni pa-
decen cuando el entorno cambia o se separan de los padres (se
ha demostrado que sí generan estrés). Esta cualidad se refleja
en la distancia emocional que suelen tener para con los demás.

Apego desorganizado:

Este apego es una mezcla del apego ansioso y el apego evitativo, en el que el niño vive comportamientos de sus padres contradictorios e inadecuados.

Se asocia con abandono, negligencia e inseguridad en los cuidados y cariño recibido. Se relaciona también con niños a quienes no supieron respetar los límites e intimidad, víctimas de traumas en la infancia.

Ejemplos de situaciones en la infancia que pueden desarrollar un apego diferente al apego seguro: niños que no son escuchados, niños que son invalidados emocionalmente, niños que son maltratados física o emocionalmente, niños víctimas de violaciones o abusos sexuales, niños con padres muy exigentes, niños sobreprotegidos, niños que tienen unos padres excesivamente miedosos, niños que apenas ven a sus padres porque estos viajan o trabajan mucho, niños no deseados en el seno familiar, niños con padres que discuten incansablemente y se faltan al respeto, niños que viven la violencia de género, niños cuyos padres tienen algún trastorno psicológico o adicción, niños cuyos padres mantienen una relación totalmente desequilibrada, niños que fueron abandonados en algún momento de su vida o niños que han vivido una separación de los padres traumática.

Sin embargo, se sabe que los estilos de apego entre adultos no solo están condicionados por la relación de cuidados y atención recibida por los padres durante la infancia. Están condicionados por otros múltiples factores (las vivencias, como veíamos anteriormente). Esto quiere decir que la historia personal influye en el tipo de apego de las personas y que las características de este será lo que se refleje a la hora de afrontar los conflictos emocionales en las relaciones de pareja.

Por eso, de adultos encontramos también estos cuatro tipos de apegos, pero pudiera ser que modificados por las vivencias en todas las etapas de la vida, dado que el apego no es inamovible y puede variar desde que se conformó en la infancia. Es decir, una persona puede nacer y crecer con un apego totalmente seguro, pero, tras una relación tóxica, cambiar su tipo de apego a uno ansioso. También puede ser que alguien desarrolle un apego ansioso en la relación con sus padres, pero que, gracias a su trabajo personal y vivencias, su apego cambie a uno de tipo seguro. Y también puede ser que alguien conforme en la infancia un apego seguro y continúe siendo seguro el resto de su vida, como veíamos en anteriores capítulos. O como me pasó a mí, que crecí con un apego seguro, cambié a un apego ansioso tras mi primera relación de pareja (tóxica y dependiente), y no volví a cambiar a un apego seguro hasta hace bien poco.

Veamos con qué tipo de apego te sientes identificado siendo ya adulto (o joven):

APEGO SEGURO:

- Te resulta fácil mostrarte cariñoso/a con tu pareja.
- Disfrutas de la intimidad sin preocuparte en exceso por la relación.
- Te sientes en confianza y cómodo/a estando en pareja, pero también disfrutas de tu independencia y la de tu pareja.
- Te gusta compartir tiempo con tu pareja, pero también sabes darle su espacio.
- Te sientes correspondido en el amor y la relación.
- No te genera incomodidad afrontar los conflictos emocionales y te tomas con calma cualquier asunto que debas tratar en la relación.
- Eres capaz de comunicar tus sentimientos y necesidades y sabes responder a los de tu pareja.
- No tienes miedo al abandono, confías en la relación y sabes que, si algún día las cosas no sale bien, tendrás que aceptarlo, aunque duela.
- Te acercas a otros cuando necesitas apoyo y ofreces el tuyo cuando es necesario.
- Tu perfil puede ser empático.

APEGO ANSIOSO:

- Las relaciones de pareja tienden a consumir buena parte de tu energía emocional.
- Te sueles preocupar constantemente por la relación, lo que hace que tu mundo dependa de ella.
- Temes que la persona con la que estás no tenga las mismas expectativas que tú en la relación y eso te genera miedo al abandono, lo que te hace desarrollar una exce-

siva atención a los pequeños detalles, como los cambios de humor, gestos y comportamientos.

- Intuyes muy bien las actitudes de los demás, pero en tu interpretación de las cosas te las sueles tomar como algo personal, y eso es algo que te pierde porque te hace enfadar con facilidad. Además, tienes una gran dificultad para controlar tus impulsos y sueles liarla fácilmente, aunque luego te arrepientes y te sientes culpable.
- A menudo te descubres buscando problemas donde no los hay; esto tiene sentido, puesto que responde a la preocupación típica del apego ansioso.
- Posees una enorme empatía (pueden ser perfiles empáticos).
- Tienes mucha facilidad para intimar y siempre estás buscando intimidad emocional, incluso si la otra persona aún no está lista. A veces esto te hace creer que la pareja no te ama como debería hacerlo.
- Te sientes desgraciado/a cuando no tienes pareja.
- Te cuesta mucho dejar una relación.
- Sufres mucho ante una ruptura.
- Tu anhelo de crear vínculos estrechos en ocasiones aleja a tus pretendientes o parejas.
- Dependes mucho de la aprobación de los otros y sueles dudar de tu propio valor.
- Sueles idealizar a tu pareja.
- Sueles dejar que los demás marquen el ritmo de la relación.
- Durante una discusión, necesitas resolver el conflicto con inmediatez. No puedes acostarte tranquilo/a por la noche si sabes que tu pareja y tú estáis enfadados/as.
- Si tu pareja te proporciona grandes dosis de atención, tranquilidad y seguridad, dejas de lado tus preocupaciones y te sientes a gusto.
- Tiendes a la codependencia.

APEGO EVASIVO-EVITATIVO:

- Sueles ser una persona distante y fría.
- Aunque no temes al compromiso y te agrada generar intimidad con la pareja, te agobia hacerlo en exceso (por eso sueles enviar mensajes confusos a la pareja).
- Te parece incómodo estar emocionalmente muy unido/a a otras personas o confiar en ellas, por lo que sueles insistir mucho en la importancia de poner límites.
- Las personas que te rodean a menudo se quejan de que sueles poner distancia emocional o física.
- Te cuesta mucho expresar emociones (decir «te quiero» puede llegar a convertirse en todo un reto).
- Hablar de emociones, expectativas o trayectoria de la relación te resulta complicado.
- Aunque puedes llegar a querer mucho a alguien, la pareja no suele ser tu prioridad.
- Las relaciones de pareja no te generan mucha preocupación y, si alguna te sale mal, no te detienes a lamentarte demasiado.
- Te cuesta mucho generar intimidad afectiva, por lo que la mayoría de tus relaciones suelen ser superficiales.
- Si te rechazan o te hacen daño, te sueles alejar.
- Tiendes a ponerte a la defensiva al menor indicio de control o invasión de lo que consideras tu territorio por parte de la pareja; valoras mucho tu independencia y autonomía.
- Sueles idealizar a tus exparejas, aunque no por ello muestras a tu «ex fantasma» en la relación con tu actual pareja.
- Durante una discusión, necesitas alejarte.

Aprovecho este espacio para explicar por qué el apego evasivo puede confundirse con el perfil narcisista. Aunque son dos cosas que, *a priori*, se consideran aspectos pertenecientes a dimensiones diferentes, las personas con perfil narcisista suelen tener un apego de tipo evasivo, aunque también podemos encontrar personas evasivas sin características narcisistas.

APEGO DESORGANIZADO:

- Tus relaciones son de amor/odio.
- Tus reacciones ante los conflictos son muy explosivas y, aunque se planteen desde la tranquilidad, mantienes una actitud agresiva.
- Tus relaciones son, por lo general, muy conflictivas y dramáticas, inestables y con altibajos emocionales.
- Tienes muchísimo miedo a que te hagan daño y no respeten tus límites.
- A veces puede parecer que no tienes conexión entre lo que haces y lo que sientes.
- Por un lado, puedes tener miedo a ser abandonado/a, pero por otro te cuesta tener intimidad.

No es fácil saber qué tipo de apego se posee, de hecho, lo normal es que se piense: «Buah, los tengo todos» o «Estoy entre dos». Yo en la consulta lo averiguo haciendo un eje cronológico de la persona y estudiando su vida entera: relaciones familiares, relaciones de pareja y amistad; cómo se ha relacionado con las dificultades en la vida, estudios, trabajo, etc. Cuesta verlo, pero una vez que lo ves, lo entiendes todo. Suele ser algo revelador.

Un/a niño/a puede crecer teniendo un apego seguro, pero tener una relación de pareja tóxica y dependiente durante su adolescencia que modifique su apego seguro y pase a ser ansioso. También puede ocurrir que vengas de un apego ansioso y tras un proceso de terapia y una relación sana cambies tu tipo de apego ansioso a uno seguro.

Se sabe que en el mundo más de la mitad de las personas poseen un apego seguro; en torno a un 25 por ciento de los casos, un apego evasivo; aproximadamente un 20 por ciento, un apego ansioso, y, más o menos, un 3-4 por ciento, un apego desorganizado.

De media, entre un 70 y un 75 por ciento de personas adultas sigue perteneciendo a la misma categoría de apego a lo largo de su vida, mientras que el 25-30 por ciento de la población restante cambia de estilo de apego debido a sus vivencias.

¿Se puede cambiar de apego voluntariamente? Sí y no. Poseer un apego seguro es como tener un tesoro, imagino que nadie querría cambiarlo por nada, de manera voluntaria al menos. El apego puede cambiar, como te decía, por las experiencias vividas. Sin embargo, cambiar un apego cualquiera a uno seguro, aunque complicado, se puede. Se necesita mucho trabajo personal y experiencias que refuercen ese trabajo personal y que ayuden a que nuestro cerebro se convenza de que no tiene por qué interpretar las cosas como las interpreta. Se sabe que la media de tiempo para el cambio son cuatro años.

Confieso lo complicado que resulta resumir toda esta teoría en unas páginas y comprendo que sea posible cualquier duda que esta información te pueda generar. Intentaré resolver de la manera más sencilla cuantos cabos crea que se quedan sin atar.

Me voy a centrar en dos tipos de apego que considero que tienen mucha relevancia en el contenido de este libro. Se trata de los apegos ansioso y evasivo.

Lo que ocurre es que, como verás, son la noche y el día. Los polos opuestos que, como veíamos al principio, se atraen. Así que, como ya te podrás imaginar, esto es un problemón.

El apego ansioso busca en sus relaciones la tranquilidad, así que, acostumbrado a permanecer en alerta (por si le abandonan), busca lo que presupone que le aportará tranquilidad y seguridad.

El apego evasivo, dado que posee ese muro o barrera emocional infranqueable, se muestra distante y frío, y puede parecer, por sus mensajes claros y contundentes, que tiene las cosas muy claras (recordemos que son personas con límites muy marcados). Estas señales confunden a la persona con apego ansioso, y le hacen creer que es un apego seguro. Esto suele ser un proceso totalmente inconsciente y reflejado a través de nuestras actitudes. En principio, a menos que, además de un apego evasivo, se tenga un perfil narcisista, nadie se pone a tramar conscientemente estos procesos a modo de «trampa emocional» para la otra persona. No todas las personas en esta vida son Mario, aunque hay muchos Marios en la vida.

Por su parte, el apego evasivo, cuando busca intimidad, se fija en aquellas personas que le generen una sensación de que, pase lo que pase, nunca le abandonarán ni le rechazarán, algo en lo que casualmente es experto el apego ansioso. Y ahí la tenemos, la bomba de relojería lista para estallar en cualquier momento.

Cuando una persona con apego ansioso empieza una relación con una persona con apego evasivo, hay mucha química entre ellas (nunca mejor dicho, ahora que sabemos toda la movida bioquímica que hay detrás de las subidas y bajadas emocionales), pero también, muy probablemente, habrá mucha dependencia.

Cuando haya un conflicto, el evasivo sentirá incomodidad ante le mero hecho de afrontar emocionalmente la situación y se refugiará en su «cueva», el ansioso, mientras tanto, se desesperará y emitirá conductas de protesta intentando llamar la atención del evasivo (irá detrás de este, intentando resolver el problema a la desesperada), con lo que el evasivo se agobiará aún más.

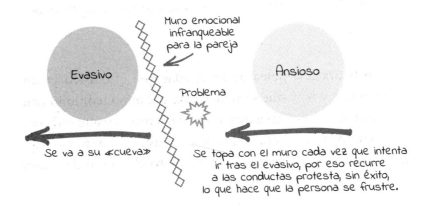

Cuando las cosas para el evasivo se calmen y vuelva «como si nada», para el ansioso estarán a flor de piel, porque durante el tiempo que el evasivo estaba en su «cueva» el ansioso ha estado a solas con su cabeza dándole vueltas a todo sin parar, y esto, como ya te puedes imaginar, es la oportunidad perfecta del cerebro para empezar a interpretar, completar información, anticipar, catastrofizar y llevar a cabo otras actividades propias de la mente. Cuando el evasivo se acerque de nuevo al ansioso para tratar de volver a la rutina normal, podrán pasar dos cosas: o bien el ansioso tendrá una conducta de protesta («Ahora no quiero hablar»; es decir, me enfado y no respiro).

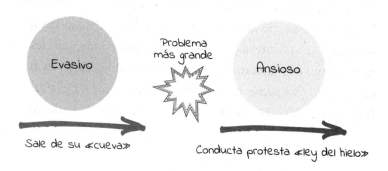

O bien habrá una pelea de las gordas que el evasivo ya no podrá evitar, y hará que se sienta cada vez más incómodo con los conflictos y aprenda a evitar los problemas durante cada vez más tiempo (ya no horas, sino días). Y así, cada vez que haya algún conflicto. Volvemos a ver con esto el cuento de nunca acabar.

Evasivo

Problema
más grande

Ansioso

Ya no hay conflicto, hay pelea y
rencor. Actitud de lucha. Ambos
se quejarán de la falta de empatía
y comprensión por parte del otro.

Ante esta explicación, mis pacientes siempre me preguntan si se puede cambiar esta dinámica y cuál sería la forma de hacerlo.

Bien, el ser humano casi siempre cuenta con plasticidad neuronal suficiente para barajar la posibilidad de cambio, pero seré sincera: hay veces en las que este cambio es muy complicado y casi imposible de trabajar. Aun teniendo en cuenta las características personales de cada uno, si en la relación ya hay un patrón de comportamiento tóxico aprendido (se ejercen conductas como las que hemos repasado en capítulos anteriores), este se ha mantenido en el tiempo y el rencor se ha instaurado en la relación, es muy pero que muy complicado cambiar la dinámica, puesto que ya ha habido un aprendizaje consistente en la manera de relacionarse.

Si las características personales de cada uno y las de la relación favorecieran el cambio, bastaría con entender y entrenar en ambos perfiles una serie de instrucciones determinantes para mantener la estabilidad emocional en la relación (algo que ya sabemos que es importante para sentir esa sensación de seguridad y refugio en la relación, aun cuando las cosas van mal):

- El perfil evasivo debe comunicar a la pareja su imposibilidad de afrontar la situación en el momento (recuerda la regla de las 24 horas), así, el perfil ansioso se relaja, puesto que no tiene la sensación de «abandono» típica de esta situación.
- El perfil ansioso debe aprender a manejar sus pensamientos e interpretaciones mientras el perfil evasivo permanece en su «cueva» para no hacer el problema más grande de lo que es.
- Cuando el perfil evasivo sale de su «cueva» y vuelve, debe estar dispuesto a hablar sobre el problema. Así demuestra que el problema le importa y que solo necesitaba un tiempo para ordenar sus ideas y manejar sus emociones.
- El perfil ansioso, lejos de emitir alguna conducta protesta, tendrá que estar también en disposición de establecer una comunicación efectiva para abordar el problema, sin echar nada en cara, dejando a un lado los reproches.
- Si ambos mantienen esta actitud ante el problema, estarán actuando como un equipo y generando, a su vez, ese ambiente de estabilidad y seguridad en la relación.

En cuanto a las características personales, también puede ocurrir que el evasivo tenga el conocido síndrome de Peter Pan (muy común en estos perfiles).

Síndrome de Peter Pan:

- Necesidad de admiración.
- Relaciones superficiales.
- Sus parejas tienden a ejercer el rol de padre/madre, psicólogo/a o enfermero/ a con ellas.
- Son muy exigentes con sus relaciones.
- Ven el compromiso como un obstáculo para la libertad.
- Tienen una atribución externa de las cosas negativas. No se responsabilizan de sus actos. Echan balones fuera.
- Se sienten incomprendidas.
- Solo se centran en sí mismas.
- Son personas inconformistas, pero no productivas.
- Poseen inseguridad y baja autoestima.
- Tienen incapacidad para madurar (no quieren «crecer» o asumir responsabilidades más allá de las impuestas, por ejemplo, el trabajo).
- Frecuente en hombres.

Con lo que el perfil ansioso terminará desarrollando el síndrome de Wendy, generando así una codependencia de la persona con perfil evasivo.

Síndrome de Wendy:

- Lo suelen desarrollar las personas codependientes.
- Necesidad absoluta de satisfacer a la pareja.
- Son personas que se suelen olvidar de ellas mismas.
- Son personas que tienen la necesidad de complacer a su pareja.

- Buscan constantemente la aceptación de los demás.
- Temen sentirse rechazadas o que nadie las quiera.
- Creen que, si cuidan a la otra persona, esta no las abandonará.
- La persona se siente esencial; cree que sin ella la otra persona no saldría adelante.
- Suelen concebir el amor como sacrificio.
- Tienen tendencia a la sumisión.
- Sobreprotegen a su pareja hasta tal punto que la ponen por delante de ellas mismas.
- Tienen atribución interna de los problemas y las cosas negativas. Meten balones dentro. Siempre se consideran responsables y/o culpables.
- Suelen hacer de madre/padre, psicólogo/a y enfermero/a con su pareja.
- Frecuente en mujeres.

Los perfiles ansiosos son muy dados a caer en la falsa creencia de tener el poder de cambiar a su pareja («Yo haré que cambie» o «Seguro que el amor que tiene por mí le hace cambiar»); por ello son el blanco perfecto de aquellas personas que juegan con el «quiero cambiar, necesito tu ayuda».

Para mí, lo más importante a la hora de saber qué tipo de apego posee cada persona es:

- Observar su actitud. Me fijo más en lo que demuestra con sus actos que en lo que dice con sus palabras. Me pregunto: «¿Si pudiera silenciar a esta persona, ¿qué sensación me transmitiría su actitud ante la relación?».

- Conocer claramente lo que busca en la relación. «Lo que surja» para mí no es una respuesta válida. Me parece bien dejarse llevar, pero me parece aún mejor tener un «para qué».
- Buscar varias características de apego sin centrarme solo en una. Así consigo tener una idea aproximada de cómo es su tipo de apego. Si tienes un gran conocimiento de la teoría del apego, esto lo puedes intuir más pronto que tarde, pero, si no, no es hasta unos meses después cuando lo ves claramente (cuando termina la fase de enamoramiento y aparece la fase de decepción).
- Y la más importante. Me fijo muchísimo en **cómo reacciona a una comunicación eficiente**; por eso, no temo sacar a colación temas emocionales en las conversaciones. Si le planteo a alguien un tema delicado y reacciona a la defensiva, para mí es información. Si reacciona intentando pasar de puntillas por el tema, es información. Si reacciona ignorándome, es información. Si reacciona con escucha activa y empatía, es información. **Todo es información.** A veces algún paciente me ha dicho: «Ay, es que me da cosa hablar de esto», a lo que yo le he respondido: «Más cosa te dará cuando no te quede más remedio que sacar el tema y veas que su reacción te decepciona (si es el caso)».

11

Relaciones sanas

A lo largo del libro te he ido dando bastantes pistas sobre cómo construir relaciones sanas, pero para que quede mucho más claro y tengas una buena referencia, voy a darte unas cuantas nociones sobre lo que sería tener un vínculo sano y funcional.

En una relación de pareja sana se cumplen con la mayoría de estas características:

- La sensación de tranquilidad es constante.
- Os acostáis tranquilos/as por las noches sabiendo que al día siguiente os vais a querer igual.
- Aunque tengáis conflictos, la relación nunca se tambalea porque aprovecháis la situación para hablar y buscar la solución como un equipo.
- Paráis la conversación cuando sabéis que esta no os lleva a ningún sitio.
- Nunca os percibís como enemigos.
- Os hacéis responsables de vuestros propios errores.
- Pedís disculpas siempre que el/la otro/a se siente molesto/a, independientemente de si consideráis que la otra persona tiene razón o no, porque practicáis la empatía y entendéis que percibís las cosas de manera diferente.

- No buscáis demostraciones de fidelidad ni de compromiso constantemente.
- Sois responsables y consecuentes con vuestros actos.
- Practicáis la sinceridad y no el sincericidio.
- Mantenéis una privacidad para, por ejemplo, vuestro correo, redes sociales y contraseñas, porque entendéis que no es necesario compartir ese tipo de datos con el/la otro/a.
- Os repartís las tareas de casa que mejor se os dan y más os gustan (y si no se os dan bien ni os gustan, también, porque igualmente son tareas a repartir).
- Sois prioridad el uno del otro, pero sin dejar de lado vuestro universo individual.
- Siempre podéis contar el/la uno/a con el/a otro/a.
- Siempre encontráis apoyo y escucha en el/la otro/a.
- No tenéis miedo a abordar conflictos, aunque entendéis que a veces hay unos temas más peliagudos que otros que os pueden generar cierto nerviosismo afrontar.
- Sois pareja y también mejores amigos/as.
- Hacéis muchísimas cosas juntos/as, pero también solos/as.
- Tenéis citas de pareja, aunque viváis en la misma casa, porque sabéis que el tiempo lleva a la habituación y que esta trae la rutina, que bien puede hacer mella.
- Dedicáis tiempo a reavivar las emociones y la afectividad en la pareja.
- Os besáis, abrazáis y os decís que os queréis constantemente (siempre que se pueda, sentido común).
- La sexualidad en pareja es una herramienta más para alimentar la afectividad en la relación y no la usáis como moneda de cambio.
- La relación es recíproca.
- Todos los días os elegís mutua y libremente.
- No os sentís atados el/la uno/a al/la otro/a.
- No sentís que la relación es una atadura.

- Festejáis los logros del otro, no importa cuáles sean.
- Permitís el desarrollo personal mutuo y colaboráis para que así sea.
- No tenéis miedo al abandono repentino porque sabéis que, si algún día la otra parte cambia de opinión con respecto a la relación, lo hará saber claramente, sin titubeos.
- Entendéis que la relación puede cambiar y evolucionar.
- Os sentís seguros/as.
- Si cualquiera de las dos partes siente celos, lo habláis desde la calma las veces que sea necesario.
- Cuando cualquiera de las dos partes tiene un bajón, reserváis un espacio para hablar sobre el tema.
- Cumplís vuestras promesas.
- No tenéis miedo a que un día la pareja os deje tirados con un plan.

No me sorprende que haya personas que, cuando se sienten tranquilas en la relación, en lugar de considerar que han encontrado a alguien con quien permanecer en una estabilidad emocional conjunta, confundan esa tranquilidad con el aburrimiento y la falta de amor. A mí también me pasó. Y ya que durante todo el libro te he hablado de algunas experiencias por las que he pasado a lo largo de mi currículum sentimental, te hablaré de mi relación actual.

En mi caso, tras seis años hasta la fecha con mi actual pareja, Alberto, y mucho pero que mucho trabajo personal, creo que he sabido ver el lado bueno de mis vivencias, el que me ha permitido crecer como persona y saber lo que quería en una relación y lo que no. Me atrevería a decir que, de no haber vivido todo lo que he vivido en mi vida, por muy dramático que pudiera parecerme, ni siquiera me habría llamado la atención la mera posibilidad de tener lo que tengo ahora.

También es verdad que en este libro te he contado algunas de mis vivencias más negativas, pero tengo que decirte que también tuve la suerte de dar con personas con las que mantuve un vínculo sano y confundí con falta de interés, por lo que no pudo ser.

Todo cambia cuando lo ves desde una perspectiva diferente. El aprendizaje te ayuda a verlo todo de manera distinta. Y yo he aprendido mucho:

- He aprendido que donde hay sufrimiento no hay amor.
- He aprendido lo que significa tratar con respeto y que me trate con respeto.
- He aprendido que para querer de manera sana a alguien primero tengo que quererme a mí misma.
- He aprendido que primero tengo que pensar en mí misma.
- He aprendido que mi pareja también tenía que ser mi mejor amigo.
- He aprendido que si no soy capaz de contarle a mi pareja hasta el más mínimo detalle que me preocupa, cuando de normal era algo que me gustaba hacer, no voy a poder ser yo misma.
- He aprendido que los bienes materiales no importan si no hay amor.
- He aprendido que necesito tener aficiones en común con mi pareja.
- He aprendido que, aunque me dé miedo decir lo que opino o siento a mi pareja, tengo que hacerlo porque, indepen-

dientemente de cómo sea su reacción, eso me dará información sobre su manera de afrontar las cosas.

- He aprendido que no siempre tengo que ceder por quedar bien con la otra persona.
- He aprendido que tengo que poner límites a aquello que no me gusta o me hace daño.
- He aprendido que puedo con todo, pero que no es necesario tirar del carro cuando el carro no quiere ser tirado.
- He aprendido que no todo depende de mí.
- He aprendido que las relaciones han de ser recíprocas.
- He aprendido que intentarlo incansablemente nunca es suficiente si la otra parte no demuestra ganas ni compromiso.
- He aprendido que sentirse como una montaña rusa emocional en una relación no es sano.
- He aprendido que tuve relaciones que no merecen llamarse relación de pareja porque solo yo estaba comprometida.
- He aprendido que si alguien te quiere te busca.
- He aprendido que por mucha «arena» que me den, si hay una de «cal», no compensa.
- He aprendido que en los malos momentos necesito que mi pareja me acompañe.
- He aprendido que, si alguien me hace infravalorarme, he de huir.
- He aprendido que odio las mentiras porque sé qué se siente cuando alguien te miente una y otra vez.
- He aprendido que necesito a alguien a mi lado que adore viajar, conocer culturas y tenga ganas incansables por aprender absolutamente cualquier cosa.
- He aprendido que no tengo que ser la «madre» de mi pareja y que sus responsabilidades no son las mías.
- He aprendido que sentirme libre con mi sexualidad va más allá de tener orgasmos.

- He aprendido que cuando hay ganas e interés no existen los «hoy no puedo» indefinidos.
- He aprendido que las conversaciones serias nunca han de mantenerse a través de mensajería instantánea.
- He aprendido que el respeto por mí misma no me lo van a dar los demás si antes no lo tengo yo.
- He aprendido a estar a gusto sola.
- He aprendido que tener pareja es mucho más que quedar de vez en cuando y follar.
- He aprendido que tener pareja es mucho más que no estar sola.
- He aprendido que es mejor que una pareja acompañe y comparta mi felicidad a que se sienta en la obligación de dármela, porque mis emociones son mi responsabilidad y es mejor no ponerlas en manos de nadie.
- He aprendido a no generar expectativas sobre los demás.
- He aprendido a no exigirme perfección.
- He aprendido a dejarme llevar.
- He aprendido a ser yo misma.

Gracias a todo eso, hace seis años pude conocer el amor sano, el de verdad, el que nunca cambiaría por ninguno de mis traumas, pero para el que, paradojas de la vida, los traumas fueron necesarios para llegar a donde estoy.

Juraría que mi relación con él ha sido un factor determinante para cambiar mi forma de relacionarme conmigo misma y con los demás. Ver reflejado en la relación que mantenía con él mi aprendizaje disfuncional sobre las relaciones y no recibir ningún tipo de refuerzo al respecto por su parte (más bien todo lo contrario) me hacía dudar sobre el modelo de relación que tenía hasta el momento. Con él nunca había conductas protesta porque él nunca daba pie a que las llevara a cabo, y, si en algún momento mi cabeza me hacía de las suyas, él estaba ahí para escucharme y acompañarme a calmar mi miedo ante un posible abandono más.

Desde el día en que lo conocí pude sentir esa tranquilidad de la que te hablo. No te negaré que al principio lo viví como algo raro: «Quizás es que no le gustas o no te gusta lo suficiente», pensaba. Pero en esa ocasión decidí darme una oportunidad. Total, ¿qué podría pasarme que no me hubiera pasado ya? ¿Otra decepción? Estaba demasiado preparada para todas las que quisieran venir.

Así que esa sensación de tranquilidad inicial, diferente a los subidones a los que estaba acostumbrada, fue la que me invitó a lanzarme a la piscina con él.

Alberto era diferente a todo lo que había conocido hasta el momento. Se mostraba humano y cercano. No era el hombre que venía a salvarme con la estabilidad emocional que yo le presuponía, sino que la demostraba. No era un jeroglífico que tuviera que ir descifrando. No me generaba incertidumbre. No tenía que estar en alerta por si se iba con otra chica. No jugaba a juegos de no responder, y si yo lo hacía por mis malas costumbres (ya sabes, el rollo de la mochila emocional y los traumitas), él seguía mostrándome su cariño. Fíjate, simplemente mostrar cariño e interés por mí en momentos en los yo esperaba que desapareciera como otros habían hecho otras veces era algo que a mí me descuadraba. Qué triste, ¿verdad? Llega un punto en que nos acostumbramos tanto a que nos traten mal en las relaciones que, cuando nos tratan bien, nos parece raro.

A veces, cuando en mi trabajo en consulta o de divulgación hablo de relaciones sanas y explico lo que son, hay personas que piensan que les estoy mostrando una visión idealizada o romantizada de las relaciones, pero la realidad es que no. Lo romantizado es todo lo que no es una relación sana y, por raro que parezca, lo que nos parece ideal, es lo que debería ser normal.

Alberto, a pesar de tener un apego seguro, no vino curtido de casa en lo que a aquellos aspectos de las relaciones de pareja que han de aprenderse. Le tocó aprender sobre la marcha y juntos trabajamos y seguimos trabajando para sacar adelante la relación.

El año que viene nos casaremos. Guau.

Perdóname, pero es que se me ha hecho raro escribirlo. Es como si ahora fuera mucho más consciente del paso que vamos a dar. Todavía me acuerdo de nuestra primera cita. No puedo creerme todo lo que he tenido que vivir para llegar hasta aquí. Presupondrás que no ha sido fácil.

En mi pasado sabía lo que quería, pero no lo que no quería.

Durante todos estos años, he aprendido a ser consciente de lo que viví años atrás. He aprendido a quererme y valorarme, primero como persona y luego como pareja. Y quizás este desarrollo personal ha sido para mí mi mayor logro en la vida. A veces aquellos recuerdos irrumpen en mi vida de manera intrusiva, pero hay una cosa de la que estoy muy orgullosa y es que he aprendido a manejarlos y a estar en paz conmigo misma.

Aunque sé que en el pasado no hice las cosas como me hubiera gustado hacerlas ahora, no fue culpa mía que las cosas salieran como salieron, simplemente es que no conocía otra alternativa.

Aceptar esto es parte del arduo trabajo de perdonarse a una misma. Y espero, querido lector o lectora, que tú también logres perdonarte algún día.

BIBLIOGRAFÍA

ANGULO, M. (2009), «¿Crecer? Nunca jamás. Peter Pan y Wendy: dos patrones de conducta adolescente», *La Torre Del Virrey*, vol. 1, n.º 6 (1 de enero de 2009), pp. 105-113. <https://revista.latorredelvirrey.es/LTV/article/view/698>.

ANICAMA, J. (2014), «Tratamiento cognitivo-conductual de la ansiedad. Fobias». Seminario «Aprende de los mejores», Instituto Superior de Estudios Psicológicos (ISEP), Madrid.

BOWLBY, J. (1977), «The making and breaking of affectional bonds», *The British Journal of Psychiatry*, vol. 130, n.º 3 (marzo de 1977), pp. 201-210.

CONGOST, S. (2015), *Cuando amar demasiado es depender. Aprende a superar la dependencia emocional*, Barcelona, Planeta.

— (2020), *Si duele no es amor. Aprende a identificar y a liberarte de los amores tóxicos*, Barcelona, Planeta.

ESCLAPEZ, M. (2017), *Inteligencia sexual. Desarrolla tu potencial sexual, practica sexo inteligente*, Madrid, Arcopress, Grupo Almuzara.

— (2020), *Ama tu sexo*, Barcelona, Bruguera, Penguin Random House Grupo Editorial.

ETXEBARRÍA, L. (2013), *Tu corazón no está bien de la cabeza*, Barcelona, Paidós Ibérica, Planeta.

GAJA, R. (2005), *Vivir en Pareja*, Barcelona, Debolsillo, Random House Mondadori.

GRAY, J. (2013), *Los hombres son de Marte, las mujeres son de Venus*, Barcelona, Grijalbo, Random House Mondadori.

HERNÁNDEZ, M. (2017), *Apego y Psicopatología. La ansiedad y su origen*, Bilbao, Desclée De Brouwer.

HOGENBOOM, M. (2016), «Las siniestras razones por las que nos enamoramos», *BBC News* (26 de febrero de 2016), <https://www.bbc.com/mundo/noticias/2016/02/160219_vert_earth_siniestra_razon_enamoramos_yv>.

LEVINE, A., y R. HELLER (2016), *Maneras de amar. La nueva ciencia del apego adulto y cómo puede ayudarte a encontrar el amor... y conservarlo*, Barcelona, Urano.

MANRIQUE, R. (2013), «El amor: hay (bio)química entre nosotros», *Revista de Química*, vol. 27, n.º 1-2 (22 de noviembre de 2013), pp. 29-32, <https://revistas.pucp.edu.pe/index.php/quimica/article/view/8968>.

NACIONES UNIDAS (s. a.), «¿Qué es el maltrato en el hogar?», <https://www.un.org/es/coronavirus/what-is-domestic-abuse> [Consulta: 2021].

PUNSET, E. (2008), «La intuición no es irracional», *Redes* (19 de mayo de 2008), Smart Planet, TVE, <https://www.rtve.es/play/videos/redes/redes-intuicion-no-irracional/5427256/>.

QUIJADA, P. (2013), «El cerebro enamorado», *ABC Blogs* (14 de febrero de 2013), <https://abcblogs.abc.es/cosas-cerebro/curiosidades/el-cerebro-enamorado.html>.

RUIZ, L. (2020), «¿Cuánto dura el enamoramiento?», *Psicología y mente* (23 de marzo de 2020), <https://psicologiaymente.com/pareja/cuanto-dura-enamoramiento> [Consulta: 2021].

SAIZ, M. (2015), «La feniletilamina del amor», *Independientes, Revista especializada en adicciones* (19 de noviembre de 2015), <http://revistaindependientes.com/la-feniletilamina-del-amor/>.

VÁZQUEZ, C. (2020), «Pareidolia: ¿por qué vemos formas conocidas en los objetos?», *elDiario.es* (7 de mayo de 2020), <https://www.eldiario.es/consumoclaro/cuidarse/pareidolia-vemos-formas-conocidas-nubes_1_5967577.html>.

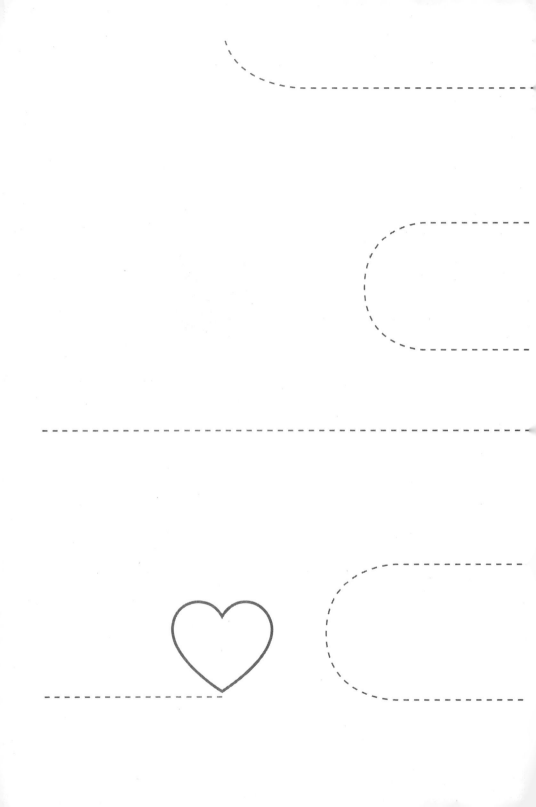